NAPACHIE POOTOOGOOK

CURATORS/CONSERVATRICES

LESLIE BOYD RYAN & DARLENE COWARD WIGHT

THE WINNIPEG ART GALLERY/LE MUSÉE DES BEAUX-ARTS DE WINNIPEG

National Library of Canada Cataloguing in Publication

Ryan, Leslie Boyd
Napachie Pootoogook / curators, Leslie Boyd Ryan, Darlene Coward Wight.

Text in English and French.
Catalogue of an exhibition held at the Winnipeg Art Gallery, June 1 – Sept. 19, 2004.
Includes bibliographical references.

ISBN 0-88915-228-4

1. Pootoogook, Napatchie, 1938- —Exhibitions. I. Wight, Darlene
II. Pootoogook, Napatchie, 1938- III. Winnipeg Art Gallery IV. Title.

NC143.P685A4 2004   741.971   C2004-902473-6E

Catalogage avant publication de la Bibliothèque nationale du Canada

Ryan, Leslie Boyd
Napachie Pootoogook / conservatrices, Leslie Boyd Ryan, Darlene Coward Wight.

Texte en anglais et en français.
Catalogue d'une exposition présentée au Musée des beaux-arts de Winnipeg, du 1er juin au 19 sept.
2004.
Comprend des références bibliographiques.

ISBN 0-88915-228-4

1. Pootoogook, Napatchie, 1938- —Expositions. I. Wight, Darlene
II. Pootoogook, Napatchie, 1938- III. Winnipeg Art Gallery IV. Titre.

NC143.P685A4 2004   741.971   C2004-902473-6F

Contents / Contenu

Napachie Pootoogook writing here. I would like to express my deepest gratitude that there is much attention being paid to my drawings. I am very grateful that I am being taken care of through my drawings. I would like that to continue and I would like to continue drawing myself. It gives me peace to do art, especially after my husband has passed on. I would like to wish all *Qalunaaqs* to be as merry as I would like to be. We are taken care of by our unseen helper. Thank you. I will continue to do my drawings to the best of my ability. I have always tried to do my best my entire life. Thank you. I am grateful that I have had a life to live. Thanks to those who try to help me any way they can.

Ici, c'est Napachie Pootoogook qui écrit. J'aimerais exprimer ma plus profonde gratitude devant tout l'intérêt qui est accordé à mes dessins. Je suis très reconnaissante du soin qui m'est porté à travers mes dessins. Je voudrais que cela continue, et moi-même je voudrais continuer à dessiner. M'adonner à l'art m'apaise, surtout depuis que mon mari est décédé. J'aimerais souhaiter que tous les *Qalunaaqs* soient aussi heureux que je voudrais l'être. Notre bienfaiteur invisible veille sur nous. Merci. Je continuerai à faire mes dessins du mieux que je pourrai. J'ai toujours, pendant toute ma vie, essayé de faire de mon mieux. Merci. Je suis reconnaissante d'avoir eu une vie à vivre. Merci à ceux qui essaient de m'aider de quelle que façon que ce soit.

Napachie Pootoogook
May 30, 2000 / Le 30 mai 2000

DIRECTOR'S PREFACE

This exhibition is another of several organized over the years featuring recent work by an individual Inuit artist. Other solo exhibitions presented the visual and cultural concerns of Abraham Anghik Ruben, Germaine Arnaktauyok, David Ruben Piqtoukun, and Manasie Akpaliapik. This exhibition of 69 drawings and the accompanying catalogue will provide a unique opportunity to gain insights into the life of an Inuit woman who experienced the dramatic social, economic, and religious upheavals that occurred in the Canadian Arctic in the 1950s.

Cape Dorset artist Napachie Pootoogook created over 5,000 drawings in 40 years—from the beginning of the Cape Dorset print project in the late 1950s until her death in December 2002. Limited-edition prints were first made from her drawings in 1960, and a total of 50 prints was released in the annual collections over the years. As one of a throat-singing duo with Qaunaq Mikkigak, Napachie travelled widely in the Arctic and southern Canada.

For the last five years of her life, from 1998 to 2002, Napachie Pootoogook worked on an autobiographical series of drawings that document her early life growing up in traditional camps on south Baffin Island and her later years as the wife of Eegyvudluk Pootoogook. They are narrative drawings depicting real events as she recalled them and include syllabic text describing the events taking place. Being such personal works, they are particularly sensitive and moving as they deal with many of the tougher elements of society. She also drew stories told to her by her artist-mother, Pitseolak Ashoona, and other *Sikusilaarmiut* (Inuit of south Baffin Island). There are approximately 300 drawings in this series which are owned by the West Baffin Eskimo Co-operative.

This exhibition is co-curated by WAG Curator of Inuit Art, Darlene Coward Wight and Leslie Boyd Ryan, formerly with Dorset Fine Arts, Toronto. In 2000 Ryan received a grant from the Canada Council program *Grants for Aboriginal Writers, Storytellers and Publishers*, which allowed her to conduct interviews with the artist and translate the Inuktitut inscriptions on the drawings.

I would like to thank West Baffin Eskimo Co-operative for the loan of drawings for this exhibition. The Gallery is most appreciative of the generous sponsorship received from the Department of Canadian Heritage, Museums Assistance Program. Support was also received for the publication from Friesens Corporation, and from our media sponsor, the *Winnipeg Free Press*.

Patricia E. Bovey
Director

Cette exposition s'inscrit dans la lignée d'une série de manifestations consacrées depuis des années aux œuvres récentes d'un artiste inuit en particulier. D'autres expositions en solo ont présenté les préoccupations picturales et culturelles d'Abraham Anghik Ruben, de Germaine Arnaktauyok, de David Ruben Piqtoukun, et de Manasie Akpaliapik. Cette exposition de 69 dessins et le catalogue qui l'accompagne veulent offrir une occasion unique de voir de l'intérieur la vie d'une femme inuite qui a vécu les dramatiques bouleversements sociaux, économiques et religieux qui ont eu lieu dans l'Arctique canadien des années 1950.

L'artiste de Cap Dorset Napachie Pootoogook a produit plus de 5 000 dessins en 40 ans—depuis les débuts du projet d'atelier de gravure de Cap Dorset à la fin des années 1950 et jusqu'à sa mort en décembre 2002. Des tirages en édition limitée de ses dessins ont tout d'abord été réalisés en 1960, puis un total de 50 tirages ont été publiés dans les collections annuelles au fil des années. En tant que membre d'un duo de chant de gorge avec Qaunaq Mikkigak, Napachie a beaucoup voyagé dans l'Arctique canadien et le sud du Canada.

Pendant les cinq dernières années de sa vie, entre 1998 et 2002, Napachie Pootoogook a travaillé sur une série de dessins autobiographiques qui renseignent sur son enfance, alors qu'elle grandissait dans des campements traditionnels dans le sud de l'Île de Baffin, puis sur sa vie d'épouse d'Eegyvudluk Pootoogook. Ces dessins narratifs décrivent des événements réels tels qu'elle s'en est souvenu, et comprennent des textes syllabiques qui décrivent les événements qui ont eu lieu. Ces œuvres profondément personnelles sont particulièrement sensibles et émouvantes, en ce sens qu'elles abordent nombre des sujets les plus difficiles de la société. Elle a aussi illustré des histoires que lui avaient racontées sa mère Pitseolak Ashoona et d'autres *Sikusilaarmiut* (Inuits du sud de l'Île de Baffin). La West Baffin Eskimo Co-operative est détentrice d'environ 300 dessins de cette série.

Cette exposition est co-régie par Darlene Coward Wight, conservatrice pour l'Art inuit du WAG et par Leslie Boyd Ryan, anciennement conservatrice pour le Dorset Fine Arts de Toronto. En 2000 Ryan reçut une subvention destinée aux écrivains, aux conteurs et aux éditeurs autochtones dans le cadre du programme du Conseil des Arts du Canada, qui lui permit d'avoir des entrevues avec l'artiste et de traduire les inscriptions en inuktitut figurant sur les dessins.

Je voudrais remercier la West Baffin Eskimo Co-operative pour le prêt des dessins de cette exposition. Le musée des beaux-arts est très reconnaissant pour le généreux soutien reçu du Programme d'aide aux musées ministère du Patrimoine canadien. Pour la publication, nous avons également bénéficié du soutien de la Friesens Corporation, et de notre commanditaire média, le Winnipeg Free Press.

Patricia E. Bovey
La directrice

Mannaruluujujuq (Not So Long Ago):

The Memories of Napachie Pootoogook

IN THE EARLY SPRING OF 1996, NAPACHIE POOTOOGOOK (1938–2002) BROUGHT some new drawings to the print studios of the West Baffin Eskimo Co-operative. The drawings featured her paternal grandfather, Namonai, and scenes of his camp on the south Baffin coast where he was a powerful camp leader. Although he died before Napachie was born, the stories of his exploits survived long after his death and were told to Napachie by her mother, Pitseolak Ashoona, and her brother Namonai.[1]

Motivated in part by her awareness of her own failing health, Napachie decided to illustrate these stories and incorporate into each drawing a section of syllabic text to explain the circumstances and the people depicted. She had never done anything quite like this before, and she made it clear that "if people were interested" she had more stories she could tell. Over the course of the next five years, until she was no longer able to draw due to illness and old age, Napachie made over 300 drawings depicting her local history, her personal experience, and the stories of other people and events—both true and legendary. And with each new group of drawings delivered to the Co-op, the artistic and ethnographic significance of Napachie's work became more and more apparent.

Napachie has had a long and interesting career as a graphic artist. Her work has been represented since 1960 in the annual print collections from Cape Dorset, and she has also produced over 5,000 original drawings. Many of these have revealed her interest in visual autobiography,[2] an interest she shared with her mother Pitseolak. It was Pitseolak who originally prompted Napachie to draw, and they shared some thematic and stylistic similarities as well. Pitseolak's approach was essentially optimistic and nostalgic, however, whereas Napachie's was a very different sensibility, shaped by her personal experience and her generation's unique place as the last to live "on the land" in the traditional Inuit way.

The coastline of south Baffin Island, Napachie's birthplace, is rugged, beautiful, and plentiful, and the Inuit of this region refer to themselves as *Sikusilaarmiut.* The name refers to the lack of ice along this coast or, more accurately, that the waters of the Hudson Strait stay open beyond the edge of the ice floe, even in winter. Napachie was born in 1938 on an island called Saarruq, an outlying camp area about 25 miles northeast of Cape Dorset (or Kinngait, as the community is known locally). She was one of six surviving children and the only daughter of Pitseolak and Ashoona. Her childhood and adolescence coincided with the waning years of the traditional camp system, years of considerable hardship for Inuit all across the north. As the nation became preoccupied with the Second World War, the once lucrative Arctic fur trade collapsed and shortages of other essentials left many Inuit families destitute. To make matters worse, Napachie's father, Ashoona, died when she was still a girl. With no hunter to provide for them, Pitseolak and her young family became dependent on the good will of others.

Napachie adored her father and was adored by him as his only daughter, and both she and her family were devastated by his untimely death.[3] Napachie's memories of her father are ambivalent, however, as he was a quick-tempered and jealous man, and his wife, Pitseolak, was the victim of his rages:

Ashoona was a strong, capable and helpful man; respected by other men. He had a quick and bad temper however, and he beat up on Pitseolak. Pitseolak was considered very beautiful and capable, and Ashoona beat her because he was possessive and jealous of other men. I would try to distract him to stop the fight.[4]

Napachie has spoken before of her parents' fights and her own innocent efforts to intervene.[5] But this is the first time she has illustrated her mother's struggle and the extent to which other women too suffered abuse. She is unflinching in her depictions of family violence, and has no qualms about acknowledging the crueller aspects of the traditional camp system:

Women never left their abusive partners, even though some had very bad husbands. Abuse was common; it was a shared experience among women; some had it worse than others. When the women had children, as they usually did, it was hard to leave. I should have left, but I had patience, and sometimes men change. In the end, it was possible for me to stay.

Obviously unsettled by her mother's experience, Napachie made it clear that she did not want to get married, even though she knew life would be easier with a husband to provide for her. Arranged marriages were still customary when Napachie approached marriageable age, but she rebuffed several suitors until she eventually succumbed to the efforts of the Pootoogook clan—a powerful and well-respected family in the region—and married the youngest son, Eegyvudluk:

… When I was a teenager I used to tell myself that I would never get married. I just got married to Eegyvudluk because he was Pootoogook's son, and because I was scared of Pootoogook too and I didn't want to get in an argument again. But before him, I would never say, "yes" to

Napachie has done several powerful drawings in this series of both herself and other women being taken in marriage against their will, "struggling with all their might." Her generation was the last to submit to arranged marriages, and she is one of only a few Inuit women to speak candidly of the practice and its effect on women's lives:

It was very, very hard. We lived in fear. At first we didn't want the relationship, it made us sick, but eventually we got used to it, adapted to it, and life wasn't that bad. Not many women got husbands that they wanted, that they didn't mind. It was only when we had children—we didn't have much choice and we adapted—that things got better.[7]

Childbirth and child-raising were central to women's lives, and Napachie's drawings on the subject of childbirth illustrate the fundamental changes in women's experience over the span of two generations. Not so long ago, societal taboos[8] dictated that women be isolated during their menses and during labour and delivery. A special igloo or *qummuk* was built for a woman in labour, and she was required to stay there until the umbilical cord had dried and fallen off.[9] This practice was strictly enforced in most regions until the introduction of Christianity in the 1920s.[10] Napachie's mother, Pitseolak, had three of her children alone, but by the time Napachie gave birth to her first child, midwives were allowed to attend the birth. No woman was sorry to see the end of this particular prohibition.[11]

I don't know why the taboo existed. Men didn't understand, and perhaps they were afraid. Women had a very hard time and there was not enough respect for who and what they were. Women kept the population going, after all. But women were not considered as intelligent as men, even though it was men who hit women. I don't know whether other women feel the same way, but I often have these thoughts. This is the first time I've really voiced them.

. . . .

As a young woman in her early 20s, Napachie moved to Cape Dorset. Drawn by the potential for employment and the new day school for their children, she and Eegyvudluk were among the first Inuit families to relocate to the new community. They lived in a small, wood frame house built close to the protected harbour, and Eegyvudluk trained and worked as a printmaker for the new arts co-operative. Napachie continued to draw, and became a regular contributor to the growing graphic arts program.

Like most Inuit of her generation, Napachie accepted the move to the community with pragmatism, but kept one foot firmly planted in the past. Although she was not one to idealize the past, her nostalgia for some of the traditional ways is clear in these drawings. The affection regularly expressed among family members and friends is evident throughout. Music, games, and play occupied whatever space it could in camp life: when the weather was good and when the animals were plentiful. Births were celebrated, deaths were mourned, a good hunt brought feelings of joy and plenty and people would celebrate. Women and children in particular would entertain themselves while the men were away hunting, and Napachie has made several drawings illustrating the kinds of amusements and games they used to play. She also depicts women in more unconventional roles, eager to point out that women could be capable hunters, igloo-builders, and even shamans.

For men, the emphasis was on strength, agility, and endurance. These qualities were highly valued, and games and even greetings between men involved displays of physical ability and fortitude in the face of pain. Wrestling was a popular pastime and sometimes a means of arbitrating disputes. Napachie has illustrated a defining moment in the history of the region involving a wrestling competition between men from the Salluit area on the northern Quebec coast of the Hudson Strait, and men from the south Baffin coast (nos. 31–33). For generations there have been both strong family ties and traditional rivalries between the two "sides" which culminated in the match at Akulliit (Salisbury Island) where the two groups used to meet to hunt walrus. The Sikusilaarmiut were the victors, and the story is still told to explain whatever residue of animosity may still exist.

Physical prowess was usually a prerequisite of leadership, but the best camp leaders were also respected for their independence, intelligence, and compassion. Several of Napachie's drawings feature Peter Pitseolak's father, Inujjuaraarjuk. She remembers him as a good man and a great hunter, who would direct others to head off hunting and then go his own way and be successful. He had several wives, all of whom he treated well. Polygamy was not the norm, but it was not unheard of for a good hunter who could provide for his wives and many children. Women who shared a husband were *aviliaq* (meaning literally "half and half") and under the best of circumstances they lived and worked together like sisters.[12]

The camp leader set both the rules and the tone for co-operation within the camp where there were many complex characters among the residents. Napachie has brought several of these people back to life in her drawings, including her own grandfather Namonai (nos. 65–69). His aggression and strength inspired both awe and fear among members of his family and camp, especially his mother, Iqaluk, whom he tortured through his shaman's spirit. People like Namonai assumed leadership (whether they were respected and acknowledged as leaders by the people or not) and maintained it by displays of strength, cunning, and often violence. They may or may not have been shamans; if they were, their supernatural abilities only enhanced their power and inspired even greater fear.

Although shamanism has always been a subject of great fascination for the outsider, until recently Inuit have been particularly reluctant to talk about it. Shamanism was considered a skill that only certain individuals (having the propensity for it) could learn. It was not a religion and *angakkuit* (shamans) were not priests, but more akin to specialists who dealt in the most dangerous, unseen powers of the world. Rachel Attituq Qitsualik, who writes a regular column on Inuit culture and customs in the Iqaluit weekly, *Nunatsiaq News*, refers to shamanism as "the unspeakable tradition" and offers an explanation for the tendency of Inuit to avoid the subject. "Because an *angakoq* dealt with the most dangerous of powers, his (or her) own power was by extension dangerous. No one wanted to become the target of his wrath." Simply to speak of the spirit world in which the shaman operated could be to attract potentially dangerous forces, given that the ethereal world "could be accidentally influenced with an errant thought or word."[13] Certainly for Napachie the shaman was a person to be feared, and even though there were 'good' shamans—like Alariaq[14] and Aliguq, two shamans well known to the Sikusilaarmiut most in her view were evil and "not very intelligent; otherwise they wouldn't be involved in such things." This comment is typical of many Inuit of Napachie's and her mother Pitseolak's generation who associate the disappearance of the shaman with the coming of Christianity.[15]

References to Christianity and its early influence are evident throughout Napachie's drawings. Widely accepted by the time Napachie was born, Christianity and its implications were deeply and seriously considered. The Inuktitut word for "conversion" (*siqqitiqtuq*) refers to crossing over from one place to another—from the sleeping platform to the living area of the igloo, for instance, or from land to water. Essentially different states were involved in the transition, and Christianity's perceived power was such that even a man like Namonai could be converted toward the end of his life and "saved."

Inuit of Namonai's generation would recall Edmund Peck, the first Anglican missionary in the eastern Arctic who worked out of Blacklead Island in the Cumberland Sound when the whalers were still active in the area. He was responsible for the spread of the Inuktitut syllabic script in the Eastern Arctic, and by the 1920s adult literacy had reached almost 100 percent. A gifted linguist, he was known as Okhamuk—"the one who speaks so well"—because of his fluency in Inuktitut. Peck was succeeded by Archibald Fleming,[16] who was known as Inuktakou or "the new person." He established the first permanent Anglican mission on south Baffin at Lake Harbour in 1909. Throughout the next several decades, Fleming and his successors made regular trips to the outlying camps: marrying young couples, baptizing their children, and explaining and distributing the Anglican *Book of Common Prayer*. Accompanied by an interpreter and eventually lay ministers, the missionaries left an indelible mark on certain individuals who then became representatives of the new faith.

This was sometimes taken to extremes, to the extent that some viewed themselves as "prophets" of the new religion, and actively sought followers in the faith. Jayko was one such notorious character, and Napachie has featured him and his wife Kitty in several drawings. Jayko was really Annoyak, and for a time he was known as Keegak—"the messenger." Convinced of his power to proselytize, he and his followers built a great igloo at a place near Cape Dorset called Tuniit. The igloo had no roof so they could see the heavens, and there they sang and danced and worked to "save" the members of the camp. They convinced people to rid themselves of their material possessions, arguing that they would only weigh them down in their ascent to heaven. Peter Pitseolak, in his autobiography *People From Our Side*, also refers to this incident and notes that Reverend Peck "had preached to the people that they should not be so possessive of their things. People threw away anything they had, including all of their good clothing and rifles and beads. They kept their bad clothing and tried to have good hearts."[17]

Tales of the bizarre often make the most memorable stories, and Napachie's "memoir" is populated with complex characters and filled with extraordinary and frequently tragic events. She brings us closer to understanding the struggle for survival faced regularly by her people, and the seemingly impossible choices and decisions that sometimes had to be made. The tale of Aijout[18] is a tragic story involving a woman whose instability and aggression towards her family eventually resulted in her being killed by a member of the camp. Napachie heard the story from her mother, Pitseolak:

> *Aijout was not a shaman; she was thought to be possessed by the devil. The person who shot*
> *Aijout was ordered to kill her by her husband and children. He shot at her three times, because*
> *it was hard to kill her. He talked recently about his experience on the radio [the popular*
> *regional program "Tausuuni"]. He was crying and very emotional retelling the story. This*
> *happened around the Spence Bay area, 30 or 40 years ago. He was always afraid that somebody*
> *would come after him; his family was always on guard after that.*
>
> *They had a hard life. There were no emergency lines and people lived in isolated camps where*
> *they were solely responsible for the survival of the camp.*

In light of the terrible reality that was frequently a part of traditional Inuit life, the move to permanent communities can be appreciated for the stability it offered to people all too familiar with extremes. Along with many others in Cape Dorset, Napachie found some independence and considerable satisfaction in her new career as a graphic artist. She came to enjoy both the income she earned from her drawings and the recognition she achieved as one of an exclusive group of Cape Dorset artists renowned beyond the community for their work. But she suffered more personal tragedy when two of her young children were killed in a house fire, and another daughter drowned while playing alone on the rocks during an incoming tide. Napachie has never elaborated on these events, except to say that even though she has gone through difficult times, "I want to stay on my feet because there is nothing that can be done about it."[19]

. . . .

Napachie undertook this body of work late in her life for many reasons, not the least of which was that it hadn't been done before. She thought of herself as a local "historian" and took pride in her memory and in her ability to visualize the story. She chose stories she knew well, in their entirety. She was very conscious of the potential for different interpretations of some of these stories; in fact, others had challenged her recollection of events, but this didn't bother her. At the same time, there were stories that she thought about telling, but didn't. They were perhaps too sensitive, or too close to her own time. Above all, she wanted to relate the stories to the real people involved and she wanted to set the record straight, so she started writing on the drawings so the viewer would understand what was going on.

Napachie's desire to communicate her way of life to an outside audience is a sincere and obvious motivation for producing this series. But these drawings, in depicting real events and real people, constitute a record of local history, customs, folklore, and social relationships that will not now be lost to future generations. Napachie noted in her last interview that her children and grandchildren were amazed by her drawings. "They ask questions and I tell them the stories. There is so much that happened to me and to people I have known or heard about; it is almost overwhelming. There is so much that people know." This is the essence of oral history, and Napachie adds her voice to that of Peter Pitseolak, her mother Pitseolak Ashoona, and Kenojuak Ashevak, who have all published their memories and life experiences for the record of the Sikusilaarmiut.

Toward the end of his life, Napachie's grandfather Namonai had a vision. He saw many houses strung together by wires, and a scarlet red flag flying above them. It is assumed in retrospect that the ropes linking the houses were hydro wires, and the flag was that of the Hudson's Bay Company, which had a Union Jack in one corner and the company logo in another, both on a brilliant red field. Namonai envisioned this scene well before the Company had established a permanent presence on the coast, but it is widely believed that his prophesy foretold the coming of the white man, and the end of Inuit ways.

Napachie lived to see her grandfather's vision come true, and these drawings express a keen desire to communicate a way of life now gone. Employing all her experience and skill as a graphic artist, she has presented an honest and truly authentic representation of her life and times. It is a unique body of work, aesthetically and intellectually engaging, and of immense historical and cultural significance. She died knowing that her works would be exhibited, and thankful that her stories would be told.

NOTES:

1. Pitseolak Ashoona was the most prolific of Cape Dorset graphic artists, and matriarch to an extraordinary artistic family, including her son Namonai, who was a talented carver.

2. Janet Catherine Berlo has explored this aspect of Napachie's work in her article "Autobiographical Impulses and the Female Identity in the Drawings of Napachie Pootoogook," published in *Inuit Art Quarterly*, Winter 1993.

3. See the autobiography of Pitseolak Ashoona, *Pictures Out of My Life*, Dorothy Eber, 1971, p. 64–67.

4. Unless otherwise noted, all quotes of Napachie Pootoogook are from personal interviews conducted during the summers of 2000 and 2001.

5. See the exhibition catalogue, *Three Women, Three Generations*, published by the McMichael Canadian Art Collection, 1999.

6. Ibid., p. 24.

7. Ibid., p. 25.

8. There is no word for 'taboo' in Inuktitut. The words used are 'agrujuq' or 'ilirsunniq upigitsugu', meaning 'to observe a strict ritual or prohibition'.

9. 'Qummuks' were tent-like dwellings incorporating skins or canvas, wood if available, and sod and moss for insulation.

10. The legend of Nanurjuk ("Orion's Belt") has its origins in the breaching of this taboo. A woman who had not completed her confinement looked out of her birthing igloo on three hunters, their dogs, and a polar bear. These objects of her gaze then rose up to the sky and transformed into stars. From a conversation with John MacDonald, author of *The Arctic Sky: Inuit Astronomy, Star Lore, and Legend*, published by the Royal Ontario Museum and the Nunavut Research Institute, 1998. See pps 226–229.

11. Kenojuak Ashevak has also commented on this practice in "The Autobiography of Kenojuak," published in *Kenojuak*, The Mintmark Press, 1985.

12. See *People From Our Side, A Life Story with Photographs by Peter Piseolak and Oral Biography by Dorothy Eber*, published by Hurtig Publishers, 1975, pps. 55 and 56.

13. See "The Unspeakable Tradition," in *Nunatsiaq News*, June 15, 2001.

14. Kenojuak Ashevak mentions Alariaq, who was her grandfather, in her "Autobiography" published in *Kenojuak*, The Mintmark Press, 1985. He is also mentioned in Peter Pitseolak's autobiography, *People From Our Side* (Hurtig, 1975).

15. For a full discussion on shamanism and its presentation in Inuit art: see *The Coming and Going of the Shaman: Eskimo Shamanism and Art*, Winnipeg Art Gallery, 1978.

16. Fleming later went on to become the first bishop of the Arctic in 1933.

17. Peter Pitseolak gives a full account of the story of Jayko in his autobiography, *People From Our Side*. Known as the "first religious time," the story is well known to Sikusilaarmiut. See pps. 40–44.

18. Aijout was the older sister of Mary Qudjuarjuk, a Cape Dorset carver and graphic artist (now deceased).

19. See Leroux, Odette, Marion E. Jackson, and Minnie Aodla Freeman, eds. *Inuit Women Artists*, Douglas & McIntyre, 1994, p. 136.

L E S L I E   B O Y D   R Y A N

« *Mannaruluujujuq* » (Il n'y a pas si longtemps)

Les souvenirs de Napachie Pootoogook

AU DÉBUT DU PRINTEMPS 1996, NAPACHIE POOTOOGOOK (1938 – 2002) apporta de nouveaux dessins aux ateliers d'impression de la West Baffin Eskimo Co-operative. Les sujets de ses dessins étaient son grand-père paternel Namonai, et des scènes de son campement sur la côte sud de Baffin, où il avait été un puissant chef de campement. Il était mort avant la naissance de Napachie, mais le récit de ses exploits fut transmis longtemps après sa mort et parvint à Napachie par l'intermédiaire de sa mère, Pitseolak Ashoona, et de son frère, Namonai.[1]

Pressée en partie par sa santé qu'elle savait fragile, Napachie décida d'illustrer ces histoires et d'intégrer à chaque dessin une section de texte syllabique expliquant les situations et les personnes représentées. Elle n'avait jamais rien fait de semblable auparavant, et elle fit clairement remarquer que « si cela intéressait les gens », elle avait d'autres histoires à raconter. Tout au long des cinq années qui suivirent, jusqu'à ce qu'elle ne fût plus capable de dessiner en raison de la maladie et de son grand âge, Napachie réalisa plus de 300 dessins représentant l'histoire de sa région, son expérience personnelle et les récits d'autres personnes ou d'autres événements—réels ou légendaires. Et à chaque nouvelle livraison de dessins à la Co-op, la pertinence artistique et ethnographique de l'œuvre de Napachie devint de plus en plus évidente.

Napachie a eu une longue et intéressante carrière de graphiste. Son œuvre est présente depuis 1960 dans les collections annuelles de gravures de Cap Dorset, et elle a aussi produit plus de 5 000 dessins originaux. Nombre d'entre eux ont révélé son intérêt pour l'autobiographie picturale,[2] un intérêt qu'elle partageait avec sa mère Pitseolak. Au départ, c'est Pitseolak qui a poussé Napachie à dessiner, et elles ont également en commun des similitudes thématiques et stylistiques. Cependant l'approche de Pitseolak était essentiellement optimiste et nostalgique, alors que celle de Napachie tient d'une sensibilité très différente, modelée par son expérience personnelle et la place unique qu'occupe sa génération, la dernière à vivre « sur les terres » dans le mode de vie traditionnel inuit.

Le littoral du sud de l'Île de Baffin, où Napachie a vu le jour, est déchiqueté, superbe et fertile, et les Inuits de cette région se nomment eux-mêmes les 'Sikusilaarmiut'. Ce nom fait référence à l'absence de glace le long de ce littoral, ou plus précisément au fait que les eaux du détroit d'Hudson restent ouvertes au-delà de la limite de la banquise, et ce même en hiver. Napachie est née en 1938 sur une île appelée Saarruq, une aire de campement excentrée située à environ 25 miles au nord-est de Cap Dorset (ou 'Kinngait', ainsi que la communauté est désignée localement). Elle était l'une des six enfants à avoir survécu et la seule fille de Pitseolak et Ashoona. Son enfance et son adolescence coïncidèrent avec les années de déclin du système traditionnel de campement, et ce furent des années de grande difficulté pour tous les Inuits du Nord. Lorsque la nation se ressentit de la Seconde Guerre mondiale, le commerce des fourrures en Arctique, jadis si lucratif, s'effondra, et la pénurie d'autres ressources fondamentales laissa de nombreuses familles inuites dans le dénuement. Pour rendre les choses encore plus difficiles, Ashoona, le père de Napachie, mourut alors qu'elle n'était encore qu'une petite fille. Sans chasseur pour subvenir à leurs besoins, Pitseolak et sa jeune famille devinrent dépendantes de la bonne volonté des autres.

Napachie adorait son père et celui-ci l'adorait aussi car elle était sa seule fille, et elle fut, tout comme sa famille, atterrée par sa mort précoce.[3] Pourtant les souvenirs que Napachie a gardé de son père sont ambigus, car c'était un homme colérique et jaloux, et sa femme Pitseolak, était la victime de ses excès de rage :

Ashoona était un homme fort, capable et serviable, respecté par les autres hommes. Il avait cependant un caractère emporté et colérique, et il battait Pitseolak. Pitseolak était considérée comme une femme belle et capable, et Ashoona la battait parce qu'il était possessif et jaloux des autres hommes. J'essayais de le distraire pour faire cesser les disputes.[4]

Napachie a déjà parlé des violentes disputes entre ses parents et de ses efforts naïfs pour intervenir.[5] Mais c'est la première fois qu'elle a illustré le combat de sa mère, et qu'elle a montré à quel point les autres femmes aussi étaient victimes d'abus. Elle ne fait aucune concession lorsqu'elle décrit la violence au sein des familles, et n'a pas d'indulgence lorsqu'elle fait connaître les aspects les plus cruels du système traditionnel des campements :

Les femmes ne quittaient jamais leurs partenaires violents, même si certaines avaient de très mauvais maris. Les abus étaient courants; c'était une expérience commune aux femmes; pour certaines c'était pire que pour d'autres. Lorsque les femmes avaient des enfants, ce qui était souvent le cas, il était difficile pour elles de partir. J'aurais dû partir, mais j'avais de la patience, et parfois les hommes changent. À la fin, il m'était devenu possible de rester.

Manifestement découragée par l'expérience de sa mère, Napachie exprima clairement son refus de se marier, même si elle savait que la vie serait plus facile pour elle avec un mari pour subvenir à ses besoins. Les mariages arrangés étaient toujours monnaie courante lorsque Napachie fut en âge de se marier, mais elle repoussa plusieurs prétendants, jusqu'à ce qu'elle cédât aux instances du clan Pootoogook—une famille de la région, puissante et respectée—et épousât leur plus jeune fils, Eegyvudluk.

… Lorsque j'étais adolescente, je me disais que je ne marierais jamais. Je me suis mariée avec Eegyvudluk seulement parce qu'il était le fils de Pootoogook, que je craignais Pootoogook et que je ne voulais pas encore me retrouver en conflit. Mais avant lui je n'aurais jamais dit « oui » à qui que ce soit, parce que je me disais que je ne me marierais jamais.[6]

Napachie a réalisé quelques dessins très puissants dans cette série, la représentant elle, ainsi que d'autres femmes, victimes de mariages forcés, « se débattant de toutes leurs forces. » Sa génération fut la dernière à se soumettre aux mariages arrangés, et Napachie est l'une des rares femmes inuites à parler ouvertement de cette pratique et de ses répercussions sur la vie des femmes.

C'était très, très difficile. Nous vivions dans la peur. Au début nous ne voulions pas de cette relation, elle nous rendait malade, mais on finissait par s'y habituer, à s'y adapter, et la vie devenait acceptable. Peu de femmes ont épousé l'homme qu'elle voulait, ou un homme contre qui elles n'avaient rien. C'est seulement lorsque nous avions des enfants—nous n'avions plus le choix et nous nous adaptions—que les choses s'amélioraient.[7]

La naissance et l'éducation des enfants occupaient des positions centrales dans la vie des femmes, et les dessins de Napachie évoquant la venue au monde des enfants illustrent les changements fondamentaux qui sont intervenus dans la vie des femmes en l'espace de deux générations. Il n'y a pas si longtemps, des tabous sociétaux[8] imposaient aux femmes de s'isoler pendant leurs menstruations et pendant l'accouchement et la délivrance. On construisait un igloo ou un « qummuk » spécial pour accueillir la femme qui allait accoucher, et elle devait y rester jusqu'à ce que le cordon ombilical ait séché et soit tombé.[9] Cette pratique était strictement appliquée dans la plupart des régions jusqu'à l'introduction du christianisme dans les années 20.[10] Pitseolak, la mère de Napachie, a eu seule trois de ses enfants, et à l'époque où Napachie a eu son premier enfant, des sages-femmes étaient autorisées à assister à l'accouchement. Aucune femme ne s'attrista de la fin de cette interdiction particulière.[11]

Je ne sais pas pourquoi ce tabou existait. Les hommes ne comprenaient pas, et ils étaient peut-être effrayés. La situation était très difficile pour les femmes, elles n'étaient pas assez respectées, ni pour ce qu'elles étaient, ni pour qui elles étaient. Après tout, les femmes assuraient le maintien des populations. Mais on considérait que les femmes étaient moins intelligentes que les hommes, même si c'étaient les hommes qui battaient les femmes. Je ne sais pas si les autres femmes ressentent les choses de la même façon, mais j'ai souvent eu ces pensées. C'est la première fois que je les exprime vraiment.

Jeune femme au début de la vingtaine, Napachie partit vivre à Cap Dorset. Attirés par les possibilités d'emploi et la nouvelle école pour ses enfants, Egevadluq et elle furent parmi les premières familles inuites à rejoindre la nouvelle communauté. Ils vécurent dans une petite maison en bois construite près du port protégé, et Eegyvudluk suivit une formation de graveur et travailla pour la coopérative des nouveaux arts. Napachie continua à dessiner, et dès lors contribua régulièrement au programme d'arts graphiques en expansion.

Comme la plupart des Inuits de sa génération, Napachie accepta ce départ pour la communauté avec pragmatisme, mais elle garda un pied solidement ancré dans le passé. Bien qu'elle ne fût pas femme à idéaliser le passé, sa nostalgie pour certaines pratiques traditionnelles apparaît clairement dans ces dessins. L'affection exprimée au sein de la famille et entre amis est omniprésente. La musique et les jeux occupaient tout l'espace possible de la vie de campement, lorsqu'il faisait beau, et lorsque les animaux étaient abondants. Les naissances étaient célébrées, les morts étaient pleurées, une bonne chasse suscitait des sentiments de joie et d'abondance et donnait lieu à des réjouissances. Les femmes et les enfants surtout se distrayaient lorsque les hommes étaient partis pour la chasse, et Napachie a fait plusieurs dessins montrant le genre de distractions et de jeux que les femmes et les enfants pratiquaient. Elle montre aussi les femmes dans des rôles moins conventionnels, désireuse de montrer que les femmes pourraient être de bonnes chasseuses, d'habiles bâtisseuses d'igloos et même des shamans.

Pour les hommes, l'accent était mis sur la force, l'agilité et l'endurance. Ces qualités étaient très estimées, et les jeux et même les salutations entre hommes impliquaient des démonstrations de capacités physiques et de résistance à la douleur. La lutte était un passe-temps populaire et parfois une façon d'arbitrer les conflits. Napachie a illustré un moment déterminant de l'histoire de la région, où intervient une compétition de lutte entre des hommes de la région de Salluit, sur le rivage du détroit d'Hudson au nord du Québec, et des hommes de la côte sud de Baffin, (nos. 31–33). Pendant des générations il y avait eu aussi bien de fort liens familiaux que des rivalités ancestrales entre les deux « camps », qui culminèrent au cours de la compétition de « Akulliit » (Île de Salisbury), où les deux groupes avaient l'habitude de se rencontrer pour chasser le morse. Les Sikusilaarmiut sortirent vainqueurs, et cette histoire est souvent racontée pour expliquer les moindres résidus d'animosité qui peuvent encore subsister.

Les prouesses physiques étaient ordinairement un prérequis pour l'accès au commandement, mais les meilleurs chefs de campement étaient aussi respectés pour leur indépendance, leur intelligence et leur compassion. Plusieurs dessins de Napachie montrent un homme nommé Inujjuaraarjuk, qui était le père de Peter Pitseolak. Elle se souvient de lui comme d'un homme bon et un grand chasseur, qui envoyait ses hommes à la chasse et partait de son côté pour rentrer victorieux. Il eut plusieurs femmes, qui furent toutes bien traitées. La polygamie n'était pas la norme, mais elle n'était pas impossible pour un bon chasseur en mesure de subvenir aux besoins de ses femmes et de ses nombreux enfants. Les femmes qui partageaient un mari étaient 'aviliaq' (littéralement « moitié-moitié »), et dans le meilleur des cas elles vivaient et travaillaient ensemble comme des sœurs.[12]

Les chefs de campement décidaient à la fois des règles et du mode de coopération au sein du campement, et on compte parmi eux de nombreux personnages complexes. Napachie en a ressuscité plusieurs dans ses dessins, en particulier son propre grand-père, Namonai (n°s. 65–69). Son agressivité et sa force inspiraient à la fois le respect et la crainte chez les membres de sa famille et de son campement, et en particulier chez sa mère Iqaluk qu'il torturait par ses pouvoirs shamaniques. Des hommes comme Namonai prenaient le pouvoir (qu'ils fussent ou non respectés et reconnus comme chefs par les autres) et s'y maintenaient par des démonstrations de force, par la ruse et souvent la violence. Ils pouvaient ou non être des shamans; si tel était le cas, leurs pouvoirs surnaturels ne faisaient qu'ajouter à leur puissance et inspirer encore plus de frayeur.

Le shamanisme a toujours été un objet de grande fascination pour ceux des autres cultures, et jusqu'à récemment, les Inuits étaient peu enclins à en parler. Le shamanisme était considéré comme un don que seuls, certains individus (possédant ce potentiel) pouvaient apprendre. Ce n'était pas une religion et les 'angakkuit' n'étaient pas des prêtres, mais plutôt des sortes de spécialistes capables de frayer avec les plus dangereux et les plus invisibles des pouvoirs du monde. Rachel Attituq Qitsualik, rédactrice régulière d'une colonne sur les coutumes et la culture inuite dans l'hebdomodaire d'Iqaluit—*Nunatsiaq News*—parle du shamanisme comme de la « tradition innommable », et propose une explication à la tendance des Inuits à éviter le sujet. « Comme un angakoq est en contact avec la plus dangereuse des puissances, sa propre puissance devient par extension dangereuse aussi. Personne ne souhaitait devenir l'objet de sa colère. » Le simple fait de parler du monde des esprits dans lequel le shaman opère, pouvait attirer des forces potentiellement dangereuses, étant donné que « le monde des esprits pouvait être accidentellement influencé pour une parole ou une pensée hasardeuse. »[13] Pour Napachie, le shaman était certainement un homme à craindre, et même s'il y avait de « bons » shamans—comme Alariaq[14] et Aliquq, deux shamans bien connus des Sikusilaarmiut—la plupart étaient, de son point de vue, « mauvais » et « pas très intelligents; autrement ils ne se livreraient pas à de telles activités. » Ce commentaire est typique des Inuits des générations de Napachie et de sa mère Pitseolak, qui associent la disparition des shamans à l'introduction du christianisme.[15]

Des références au christianisme et à ses premières influences sont très visibles dans toute la production de Napachie. Largement accepté à l'époque de la naissance de Napachie, le christianisme et ses implications étaient pris très au sérieux. En inuktitut, « conversion » se dit *siqqitiqtuq*, mot qui réfère au déplacement d'une zone à une autre—de la surface de couchage à la zone de vie dans l'igloo par exemple, ou de la terre à l'eau. La transition se faisait entre deux états foncièrement différents, et le pouvoir du christianisme était perçu comme suffisamment grand pour parvenir à convertir et à « sauver » un homme comme Namonai à la fin de sa vie.

Les Inuits de la génération de Namonai se souvenaient de Edmund Peck, le premier missionnaire anglican de l'est de l'Arctique, qui œuvra dans l'île de Blacklead, dans le détroit de Cumberland, lorsque les baleiniers étaient encore actifs dans cette région. Il fut à l'origine de l'expansion de l'écriture syllabique inuktitut dans l'est de l'Arctique, et dans les années 2O, le taux d'alphabétisation était presque de 100 % chez les adultes. Linguiste de talent, il était connu sous le nom de « Okhamuk » (« celui qui parle si bien ») parce qu'il parlait couramment l'inuktitut. À Peck succéda Archibald Fleming,[16] appelé « Inuktakou », « la nouvelle personne ». Il établit la première mission anglicane permanente dans le sud de Baffin à Lake Harbour en 1909. Tout au long des décennies suivantes, Flemming et ses successeurs firent des visites régulières dans les campements alentour, mariant des jeunes couples, baptisant leurs enfants, et expliquant et distribuant le Livre de Prières Publiques anglican. Accompagné par un interprète et finalement par des laïques, le message de missionnaires laissa une empreinte indélébile sur certains individus qui devinrent par la suite des représentants de la nouvelle foi.

Ce phénomène atteint parfois certaines extrémités, si bien que certains se virent comme des « prophètes » de la nouvelle religion, et cherchèrent activement des « disciples » de la foi. Jayko fut l'un de ces personnages notoires, et Napachie l'a fait figurer, ainsi que sa femme Kitty, dans plusieurs dessins. Jayko était véritablement Annoyak, et pendant un temps il fut connu comme « Keegak » —le messager. Convaincu de ses capacités de prosélyte, il bâtit avec ses disciples un grand igloo à Tuniit, près de Cap Dorset. L'igloo n'avait pas de toit pour qu'ils puissent voir les Cieux, et là ils chantaient, dansaient et travaillaient au « salut » des membres du campement. Ils persuadèrent les gens de se débarrasser de leurs biens matériels, expliquant qu'ils ne faisaient que les alourdir et gêner leur ascension vers le Paradis. Peter Pitseolak, dans son autobiographie *People From Our Side*, fait aussi référence à cet incident et note que le révérend Peck « avait prêché à ces gens qu'ils ne devaient pas trop s'attacher à leurs biens. Les gens jetaient tout ce qu'ils avaient, y compris tous leurs beaux vêtements, leurs fusils et leurs viseurs. Ils gardaient leurs vêtements pauvres et essayaient d'avoir bon cœur. »[17]

Les contes étranges font souvent les histoires les plus mémorables, et les « mémoires » de Napachie sont peuplées de personnages complexes et parsemées d'événements extraordinaires et souvent tragiques. Elle nous aide à comprendre la lutte que ses congénères menaient régulièrement pour leur survie, les dilemmes qu'ils devaient affronter et les décisions impossibles qu'ils devaient prendre. La tragique histoire d'Aijout[18] met en scène une femme dont l'instabilité et l'agressivité envers sa famille conduisit finalement un membre du campement à la tuer. Napachie apprit cette histoire par sa mère Pitseolak.

Aijout n'était pas une shaman; on pensait qu'elle était possédée par le diable. Celui qui a abattu Aijout l'a fait sur les ordres de son mari et de ses enfants. Il a tiré à trois reprises, parce qu'elle était difficile à tuer. Récemment, il a parlé de son expérience à la radio (au cours de la populaire émission régionale « Tausuuni »). Il pleurait et rapportait cette histoire avec beaucoup d'émotion. Elle s'était passée dans la région de Spence Bay, 30 ou 40 ans auparavant. Il avait toujours peur que quelqu'un cherchât à le poursuivre; sa famille se tient toujours sur ses gardes à cause de cela.

Leur vie était difficile. Il n'y avait pas de ligne d'urgence et les gens vivaient dans des campements isolés où ils étaient seuls responsables de la survie des membres.

Quand on considère la terrible réalité qui faisait fréquemment partie de la vie traditionnelle inuite, on apprécie mieux la stabilité offerte par les communautés permanentes à des gens par trop habitués aux situations extrêmes. Tout comme nombre de ses congénères à Cap Dorset, Napachie trouva une certaine indépendance et une satisfaction considérable dans sa nouvelle carrière de graphiste. Elle put apprécier à la fois ses revenus issus de ses dessins et la reconnaissance dont elle jouissait, en tant que membre d'un groupe exclusif d'artistes de Cap Dorset renommés pour leur travail au-delà de la communauté. Mais elle dut affronter des tragédies personnelles; deux de ses enfants périrent dans un incendie domestique, et l'une de ses filles se noya alors qu'elle jouait sur les rochers pendant la marée montante. Napachie ne s'est jamais étendue sur ce sujet, sauf pour dire que, même si elle a dû traverser des périodes difficiles, je veux rester debout parce qu'on ne peut rien y faire.[19]

· · · · · · · · · · · ·

Napachie a entrepris cette partie de son œuvre à la fin de sa vie pour plusieurs raisons dont l'une, qui n'est pas la moindre, est que cela n'avait jamais été réalisé auparavant. Elle se considérait comme une « historienne » locale, et était fière de sa mémoire et de son talent pour visualiser les histoires. Elle choisissait des histoires qu'elle connaissait bien et dans leur totalité. Elle était très consciente que certaines de ces histoires étaient sujettes à différentes interprétations; d'autres avaient même mis au défi sa mémoire des événements, mais cela ne l'ennuyait pas. De la même façon, elle renonça à raconter certaines histoires auxquelles elle pensait. Elles étaient sans doute trop délicates ou trop proches de sa propre époque. Par-dessus tout, elle voulait relater les faits aux personnes véritablement concernées, et elle voulait faire un rapport fidèle; c'est pourquoi elle commença à écrire sur les dessins pour que le spectateur puisse comprendre le déroulement de la scène représentée.

Le désir de Napachie de témoigner de son mode de vie à un public extérieur est une motivation sincère et manifeste pour la production de cette série. Mais ces dessins, parce qu'ils décrivent des événements et des personnages réels, ont une valeur d'archives sur l'histoire locale, les coutumes, le folklore et les rapports sociaux, archives qui ne seront pas perdues pour les générations futures. Dans sa dernière entrevue, Napachie faisait remarquer que ses enfants et petits-enfants étaient fascinés par ses dessins. Ils posent des questions et je leur raconte les histoires. Il est arrivé tellement de choses, à moi et aux gens que je connais, ou dont j'ai entendu parler; ça vous dépasse presque. Les gens savent tellement de choses. Là se trouve l'essence même de la tradition orale, et Napachie joint sa voix à celle de Peter Pitseolak (« People From Our Side »), celle de sa mère Pitseolak Ashoona (« Pictures Out of My Life ») et celle de Kenojuak Ashevak (« The Autobiography of Kenojuak », publiée dans *Kenojuak*), qui ont tous publié leurs mémoires et les expériences de leur vie pour les archives des Sikusilaarmiut.

Vers la fin de sa vie, Namonai, le grand-père de Napachie, eut une vision. Il vit de nombreuses maisons attachées ensemble par des câbles, et un drapeau rouge écarlate flottant au-dessus d'elles. On considère rétrospectivement que les cordes reliant les maisons étaient des liaisons hydrauliques et que le drapeau était celui de la Compagnie de la Baie d'Hudson, qui présentait, sur un fond rouge vif, le

Union Jack dans un coin et le logo de la compagnie dans un autre. Namonai eut cette vision bien avant que la Compagnie n'établisse une présence permanente sur la côte, mais une croyance très répandue veut que cette vision ait prédit l'arrivée de l'homme blanc et la fin du mode de vie inuite.

Napachie a vécu pour voir se réaliser la vision de son grand-père, et ces dessins expriment un vif désir de témoigner d'une façon de vivre à présent disparue. Mettant en œuvre toute son expérience et tout son talent de graphiste, elle a présenté un tableau fidèle et véritablement authentique de sa vie et de son époque. C'est un corpus unique, captivant autant du point de vue esthétique qu'intellectuel, et d'une grande importance historique et culturelle. Elle est morte en sachant que ses travaux seraient exposés, et reconnaissante pour la transmission de ses histoires.

NOTES :

1. Pitseolak Ashoona fut l'artiste la plus prolifique de Cap Dorset, et la matriarche d'une famille extraordinaire d'artistes, comprenant son propre fils Namonai qui était un graveur de talent.

2. Janet Catherine Berlo a exploré cet aspect de l'œuvre de Napachie dans son article « Autobiographic Impulses and the Female Identity in the Drawings of Napachie Pootoogook », publié dans *Inuit Art Quarterly*, hiver 1993.

3. Cf. l'autobiographie de Pitseolak Ashoona, *Pictures Out of My Life*, Dorothy Eber, 1971, pp. 64-67.

4. Sauf mention contraire, toutes les citations de Napachie sont extraites d'interviews personnelles menées pendant les étés 2000 et 2001.

5. Voir le catalogue de l'exposition *Trois Femmes, Trois Générations*, publié par le McMichael Canadian Art Collection, 1999.

6. Ibid., p. 24.

7. Ibid., p. 25.

8. Il n'y a pas de mot pour « tabou » en inuktitut. Les mots employés sont « agrujuq » ou « ilirsunniq upigitsugu », qui signifient « observer un rituel strict ou une interdiction ».

9 Les « Qummuks » étaient des habitations comparables à des tentes, faites de peaux et de toile, de bois s'il y en avait, isolées par des mottes de gazon et de mousse.

10. La légende de Nanurjuk (« La ceinture d'Orion ») trouve son origine dans la transgression de ce tabou; une femme qui n'avait pas terminé sa période d'isolement regarda à l'extérieur de son igloo d'accouchement et vit trois chasseurs, leurs chiens et un ours polaire. Les cibles de son regard s'élevèrent vers le ciel et furent changés en étoiles ». Extrait d'une conversation avec John MacDonald, auteur de *The Arctic Sky: Inuit Astronomy, Star Lore, and Legend*, publié par le Royal Ontario Museum et le Nunavut Research Institute, 1998. cf. pages 226-229.

11. Kenojuak Ashevak donne aussi son avis sur cette pratique dans « The Autobiography of Kenojuak », publiée dans *Kenojuak*, The Mintmark Press, 1985.

12. Cf. *People From Our Side, A Life Story with photographs by Peter Pitseolak and Oral Biography by Dorothy Eber*, publié par Hurtig Publishers, 1975; pp. 55-56.

13. Cf. « The Unspeakable Tradition, » in *Nunatsiaq News*, 15 juin 2001.

14. Kenojuak Ashevak mentionne son grand-père Alariaq dans son « Autobiographie » publiée dans *Kenojuak*, The Mintmark Press, 1985. On parle aussi de lui dans l'autobiographie de Peter Pitseolak, *People From Our Side* (Hurtig, 1975).

15. Pour des informations complètes sur le shamanisme et sa représentation dans l'art Inuit, cf. *The Coming and Going of the Shaman: Eskimo Shamanism and Art*, Winnipeg Art Gallery, 1978.

16. Fleming devait plus tard devenir le premier evêque de l'Arctique en 1933.

17. Peter Pitseolak raconte l'histoire de Jayko de façon détaillée dans son autobiographie, *People From Our Side*. Connue comme « la première époque religieuse », cette histoire est bien connue des Sikusilaarmiut. Cf. pp. 40-44.

18. Aijout était la grande sœur de Mary Qudjuarjuk, une graphiste et graveuse de Cap Dorset (aujourd'hui décédée).

19. Cf. Leroux, Odette, Marion E. Jackson et Minnie Aodla Freeman, Eds. *Inuit Women Artists*. Douglas & McIntyre 1994, p. 136.

DARLENE COWARD WIGHT

Beyond Narrative

AMONG THE MOST EXCITING EXHIBITIONS I HAVE HAD THE PRIVILEGE of organizing over the years are those by individual artists. It is possible to focus on the unique visual and personal concerns of these creative people. Through their art, be it sculpture or graphic art, the artists' voices are heard directly. This exhibition marks the second solo exhibition by a female artist, following that of Germaine Arnaktauyok in 1998. It provides an opportunity to see in some depth the social and artistic concerns of an Inuit woman who grew up during the dramatic changes in the Canadian Arctic as Inuit society changed from a migratory, subsistence hunting culture to a community, cash-based economy.

In Napachie's autobiographical drawings, the perspective is so intensely personal that there is a sense of a culture within a culture—a female world of supporting and, at times, surviving men. There are the happy times of working together and playing together while the men are away hunting (no. 16). There are difficult and lonely times of enduring social mores that often did not allow control over such intimate functions as marriage (nos. 2–8) and childbearing (no. 11). Although the suffering is lonely and frequent, there is also the mitigating factor of the wider community that often gives comfort or intervenes (nos. 9, 11). The drawings show a vivid picture of Napachie's life through the syllabic inscriptions, but even more powerfully, through the details, the compositions, and the expression of emotion in her work.

The drawings are filled with details that give a realistic portrait of the culture of the Inuit of south Baffin Island, or the Sikusilaarmiut: the clothing, hairstyles, tools, summer and winter dwellings, and the landscape setting. We do not see the hunt for live animals—the male preoccupation—but we do see the resulting skins that women made into clothing. In fact, the details of clothing can tell their own stories. Through the use of a fine, black pen line, the texture of fur reveals winter clothing, including parkas, pants, and *kamiks* (skin boots). Brilliant white cotton was used for summer parkas for men, and the still-treasured *amautik* for women. Colourful cotton skirts are worn by the women beneath the short white parkas. Vertical stripes of inlaid fur decorate the front of the kamiks for men, while circular stripes around the top define those of women (no. 15).

Pride in appearance is revealed in the neatly braided hairstyles worn by women. The braids are often looped around the ears and folded into the characteristic south Baffin bun at the back of the head. If hair is dishevelled, it reveals that all is not well. Facial expressions depict a wide range of emotional states, in combination with revealing body language. Figures are never static, but are engaged and interacting. The body language can be subtle but revealing, as in *Competition for a Woman* (no. 6). The young woman stands to the side and has turned her back on the two men fighting over her. Two women who are only spectators are laughing in delight at a scene that for them will not result in a possibly unwelcome mate. In another drawing about forcible marriage (no. 7), the poignant figure of a woman, Elisusie, is in the far background, bound and tied to a *kamotik* (sled). Her brother is trying to trade her for Ningeokuluk, who was the wife of another man, Parr.

There are some humorous, ribald details the artist uses to illustrate her narratives. A young woman is paid a visit in her tent by a lustful elder who takes advantage of an absent husband (no. 8). Napachie shows the naked man from the rear as he crawls through the door of the woman's tent. His bare buttocks are carefully coloured in flesh tones, making them a focal point. The artist is showing him from the most demeaning point of view.

There is nudity in a number of the drawings, and the nude figures depict people who have moved away from acceptable behaviour. In *Igloo Stadium* (no. 40), the religious fanatic, Jayko, defies the elements by running naked around the top of a half-finished igloo. The pink of his body contrasts markedly with the icy blue of the igloo. In the series of drawings telling the violent story of Aijout (nos. 42–47), the demented woman is shown naked as she wreaks havoc on those around her.

Few details escape Napachie's notice, including footprints in the snow. Snow scenes usually reveal a pattern of footprints that contributes to the telling of the story. The footprints are the oval shapes made by skin kamiks. In *Ou, the Igloo Builder* (no. 12), the hard work of building an igloo is shown by all the footprints around the structure being built by a woman named Ou. In *The Midwife* (no. 11), the visits of several women to attend a woman in labour are marked in the snow outside the birthing igloo. In *Women Working* (no. 14), the soles of kamiks are being cut out of the heavy skins of bearded seals, and Napachie shows the cut-out soles and the negative space of the skins where the soles have been cut away. As a result, the footprint shape is scattered throughout the composition. *Dwarf Tracking* (no. 54) reveals the trail of a man and dog across the landscape. Footprints become a main subject of *Iqaluk's Hideout* (no. 66). The beleaguered mother of the shaman Namonai "couldn't be found because there were massive footprints all over the land and she was on an island." A network of oval footprints forms an overall pattern throughout the drawing.

Napachie's telling of the story of Namonai reveals her subtle use of viewpoint (nos. 65–69). The powerful shaman is described as "alone because people feared him. … He kept away from people because he wanted to be feared." In the five drawings telling his story, he is always shown from the back or, in the more positive last drawing, from the side. This contributes to the sense of his reclusive nature. In *Namonai's Vision of the Future* (no. 69), the composition is a heavy, black rectangle with a brilliant point of colour at the top pointing to the future, as a bright red flag waves in the breeze. Namonai is seen in a contemplative stance, looking from a hill into the distance.

Fascinating details bring interest to the stories of shamans Alariaq and Aliguq. Alariaq's body is literally torn apart in a shamanic ritual of death/rebirth. Body parts are shown in grisly detail (nos. 59–60). The gentler story of Aliguq shows her with her helping spirits, pieces of seaweed (nos. 61–64). Touches of colour accentuate the seaweed, and bright pink marks the fire coming from her mouth as she swims under the water. Unusual details are used to tell the traditional story of Kaujjajjuk. The neglected orphan is shown curled up with several dogs in one drawing (no. 50) and, in another, his sudden growth to giant scale is humorously shown by outgrown clothing.

Despite the abundance of details in Napachie's drawings, the works are highly organized compositions that give unity to the many parts. They frequently appear within an internal framing or enclosing structure. A circular igloo is often used to frame a scene, as in *Inujjuaraarjuk's Wives* (no. 9). The igloo is only implied by a semicircular wall that encloses the four women in an harmonious space. The space shared by the two women in *Hungry Grandmother* (no. 30) is oppressive as a heavy, rocky landscape presses down on the delicate form of the framing tent. Landscape provides a less imposing enclosure for the women who are happily getting rid of their treasured belongings in the ironic *Coming of Christianity* (no. 38). Boats surround people in drawings such as *Ottokie's Parents* (no. 24) and *Takunnagaq the Traveller* (no. 26). In the latter piece, only the legs of the people are shown under the inverted boat they carry over their heads.

Several of the drawings have very formal compositions to organize the picture space. In *Clothing* (no. 15) individual figures are placed within circular "bubbles," which are stacked in rows to form a pattern of circles. Human figures form a series of lines that radiate outward from a central convergence, and convey the idea of the game the children are playing in *Children Playing Amaamaqusijaqtut* (no. 21). This same composition is used in two drawings, *Qitsualiminialuk* (no. 52) and *Alariaq's Wolf Spirit* (no. 58). In several other drawings, the figures are arranged frieze-like across the picture plane (no. 1) or arranged in a circle (no. 32).

Unity also comes from Napachie's restricted use of colour. The black lines of felt-tip pens define her forms and create tonal passages with light, feathery strokes. Earth tones of brown, blue, pink, and red are sometimes softly applied over the black pen lines with coloured pencils, but they do not distract or upset the overall balance of the compositions. Sometimes colour is used to create a focal point in the work, as mentioned earlier for *Sexual Advances* (no. 8).

The 69 drawings in this exhibition are rich in detail about Inuit culture, local history, traditional folklore, and shamanic beliefs and customs. They give an unromanticized personal perspective that is unique, but the narratives told by Napachie are far more than social documents. Her artistic skills have been used to shape the stories into expressive works of art, with minutely described details organized into sophisticated compositions that powerfully convey ideas and emotions beyond the written words.

D A R L E N E   C O W A R D   W I G H T

Au-delà de la narration

LES EXPOSITIONS CONSACRÉES À L'ŒUVRE D'UN SEUL ARTISTE COMPTENT parmi les plus passionnantes que j'ai eu le privilège d'organiser au fil des années. Il devient alors possible de se concentrer sur les préoccupations picturales et personnelles uniques de ces esprits créatifs. À travers son art, que ce soit la sculpture ou un art graphique, la voix de l'artiste se fait entendre directement. Cette exposition est la deuxième à être consacrée à une femme artiste en particulier, après celle de Germaine Arnaktauyok en 1998. Elle offre une occasion d'examiner assez profondément les problématiques sociales et artistiques d'une femme inuite qui a grandi pendant les bouleversements dramatiques survenus dans l'Arctique canadien, lorsque la société inuite est passée d'une culture nomade de subsistance à une économie de communauté basée sur l'argent.

Dans les dessins autobiographiques de Napachie, la perspective est si intensément personnelle qu'on y sent une culture dans la culture—un monde de femmes soutenant les hommes, et leur survivant parfois. Il y a les moments heureux des travaux et des jeux partagés pendant que les hommes sont partis chasser (n⁰. 16). Il y a les périodes difficiles et solitaires où il faut endurer des mœurs sociales qui ne laissaient souvent aucun contrôle sur des étapes aussi intimes que le mariage (n⁰ˢ. 2–8) et l'accouchement (n⁰. 11). Bien que la souffrance soit solitaire et fréquente, la large communauté, qui, souvent, réconforte ou intervient (n⁰ˢ. 9, 11), constitue un facteur d'équilibre. Les dessins donnent une image vivante de la vie de Napachie à travers les inscriptions syllabiques, mais aussi, et de façon plus puissante encore, à travers les détails, les compositions et l'émotion exprimée dans son œuvre.

Les dessins sont parsemés de détails qui offrent un portrait réaliste de la culture des Inuits du sud de l'Île de Baffin, les *Sikusilaarmiut* : sont représentés leurs vêtements, leurs coiffures, leurs outils, leurs habitats d'été et d'hiver, ainsi que les paysages. La chasse des animaux vivants—préoccupation masculine—n'est pas représentée, mais on peut voir les vêtements fabriqués par les femmes à partir des peaux qui en proviennent. En fait, les détails des vêtements ont leur propre histoire à raconter. Par l'emploi d'un trait de plume fin et noir, la texture de la fourrure signale les vêtements d'hiver tels que les parkas, les pantalons, et les *kamiks* (bottes de peau). On utilisait du coton d'un blanc éclatant pour les parkas d'été des hommes, ainsi que pour les *amautik* des femmes, qui sont d'ailleurs toujours prisés. Sous leur courts parkas blancs, les femmes portent des jupes de coton multicolore. Des bandes verticales de fourrure appliquées ornent les kamiks pour homme, tandis que ceux des femmes sont reconnaissables aux bandes circulaires placées sur le haut de la botte (nᵒ. 15).

L'apparence est source d'une certaine fierté, comme le montrent les nattes soignées que portent les femmes. Les nattes sont souvent enroulées autour des oreilles et repliées pour former le macaron typique du sud de Baffin à l'arrière de la tête. Une chevelure en désordre révèle que tout ne va pas bien. Les expressions de visage décrivent une large gamme d'états émotionnels, et sont associées à un langage corporel révélateur. Les personnages ne sont jamais statiques : ils sont en mouvement et interagissent. Le langage corporel peut être subtil mais porteur de sens, comme dans *Compétition pour une femme* (nᵒ. 6). La jeune femme se tient sur le côté et a tourné le dos aux deux hommes qui se battent pour elle. Les deux femmes qui sont simples spectatrices rient de plaisir devant une scène qui, pour elles, ne donnera pas lieu à une union peut-être indésirable. Dans un autre dessin ayant pour sujet le mariage forcé (nᵒ. 7), la figure poignante d'une femme, Elisusie, se trouve complètement à l'arrière-plan, ligotée et attachée à un *kamotik* (traîneau). Son frère tente de l'échanger contre Ningeokuluk, qui était la femme d'un autre homme, Parr.

L'artiste utilise aussi des détails humoristiques ou triviaux pour illustrer certaines de ses histoires. Une jeune femme reçoit la visite d'un vieil homme lubrique qui profite de l'absence de son mari (nᵒ. 8). Napachie montre l'homme nu de derrière, qui passe en rampant la porte de la tente de la femme. Ses fesses nues sont soigneusement colorées en tons chair, ce qui en fait le centre d'attraction. L'artiste le présente dans la posture la plus humiliante.

La nudité est présente dans un certain nombre de dessins, et les personnages nus sont souvent des gens qui ont abandonné tout comportement décent. Dans *Le Stade Igloo* (nᵒ. 40), le fanatique religieux Jayko défie les éléments en courant nu sur le sommet des parois d'un igloo à demi inachevé. Le rose de son corps contraste fortement avec le bleu glacé de l'igloo. Dans la série de dessins représentant la violente histoire de Aijout (nᵒˢ. 42-47), la démente est représentée nue tandis qu'elle déchaîne sa rage sur ceux qui se trouvent autour d'elle.

Peu de détails échappent à l'attention de Napachie; observons par exemple les empreintes de pas dans la neige. Dans les scènes enneigées figure habituellement un agencement de traces de pas qui contribue à la narration de l'histoire. Les empreintes sont les formes ovales laissées par des kamiks en peau. Dans *Ou, la bâtisseuse d'igloos* (nᵒ. 12), la difficulté du travail de construction d'un igloo est exprimée par les nombreuses empreintes de pas entourant la structure qu'une femme, Ou, est en train d'édifier. Dans *La Sage-femme* (nᵒ. 11), les visites de plusieurs femmes venues aider une femme en train d'accoucher ont laissé des traces dans la neige devant l'igloo de naissance. Dans *Femmes au travail* (nᵒ. 14), des semelles de kamiks sont découpées dans d'épaisses peaux de phoques barbus et Napachie montre les semelles découpées ainsi que, en négatif, les vides laissés dans les peaux où les semelles ont été coupées. Ainsi donc, la forme des empreintes de pas parsème la composition entière. *La Traque du Nain* (n°. 54) fait figurer la trace laissée par un homme et un chien dans le paysage. Les empreintes de pas deviennent un élément de première importance dans *La Fugue d'Iqaluk* (n°. 66). Cernée, la mère du shaman Namonai « était introuvable parce qu'il y avait énormément d'empreintes de pas sur la terre et elle était sur une île ». Un réseau d'empreintes ovales forme un motif présent dans l'ensemble du dessin.

La façon dont Napachie raconte l'histoire de Namonai révèle son emploi subtil des points de vue (n°. 65-69). Le puissant shaman est décrit comme « seul parce que les gens le craignaient … . Il se tenait à l'écart des autres parce qu'il voulait être craint ». Dans les cinq dessins qui racontent son histoire, il est toujours montré de dos, ou, dans le dernier dessin, plus positif, de côté. Ce procédé contribue à faire ressentir sa nature solitaire. Dans *La Vision du Futur de Namonai* (n°. 69), la composition est un rectangle lourd et noir marqué dans la partie supérieure d'un point de couleur éclatant pointant vers le futur : un drapeau rouge vif flottant dans le vent. Namonai est montré dans une pose contemplative, observant depuis une colline au loin.

Des détails fascinants confèrent de l'intérêt aux histoires des shamans Alariaq et Aliguq. Le corps d'Alariaq est littéralement démembré lors d'un rituel shamanique de mort et de résurrection. Les parties du corps sont montrées d'une façon effroyablement détaillée (n°. 59-60). Plus paisible, l'histoire d'Aliguq la montre accompagnée de ses aides spirituels, des algues (n°. 61-64). Des touches de couleur accentuent les algues, et du rose vif met en évidence le feu qui sort de sa bouche tandis qu'elle nage sous l'eau. Des détails inhabituels sont employés pour raconter l'histoire traditionnelle de Kaujjajjuk. L'orphelin négligé est montré recroquevillé avec des chiens dans un dessin (n°. 50) et dans un autre sa croissance soudaine et démesurée est rendue avec humour par ses vêtements devenus trop petits.

En dépit de l'abondance de détails dans les dessins de Napachie, ses œuvres sont des compositions très organisées qui confèrent une unité aux nombreux éléments. Ceux-ci apparaissent souvent au sein d'un cadre intérieur ou d'une structure qui les enferme. Un igloo circulaire est souvent employé pour encadrer une scène, comme dans *Les femmes d'Inujjuaraarjuk* (n°. 9). L'igloo est seulement suggéré par un mur semi-circulaire qui enferme les quatre femmes dans un espace harmonieux. L'espace partagé par les deux femmes dans *La Grand-mère affamée* (n°. 30) est oppressant : un lourd paysage rocheux pèse sur la forme délicate de la tente qui sert de cadre. Le paysage devient un cadre moins imposant pour les femmes qui se débarrassent dans la joie de leurs biens précieux dans l'ironique *Arrivée du Christianisme* (n°. 38). Des bateaux enferment les personnages dans des dessins tels que Les Parents d'Ottokie (n°. 24) et *Takunnagaq le Voyageur* (n°. 26). Dans ce dernier, seules les jambes des personnages sont visibles sous les bateaux qu'ils portent à l'envers sur leur tête.

L'espace pictural de plusieurs des dessins est organisé selon une composition très formelle. Dans *Vêtements* (n°. 15), les personnages sont chacun placés dans des « bulles » circulaires qui sont disposées en rangs pour composer un motif à base de cercles. Les silhouettes humaines forment une série de lignes qui irradient à partir d'un point central de convergence, ce qui transmet l'idée du jeu auquel les enfants s'adonnent dans *Enfants jouant au Amaamaqusijaqtut* (nᵒ. 21). La même composition est utilisée dans deux autres dessins, *Qitsualiminialuk* (nᵒ. 52) et *L'esprit de Loup d'Alariaq* (nᵒ. 58). Dans plusieurs autres dessins, les personnages sont disposés en frise traversant le plan pictural (nᵒ. 1) ou en cercle (nᵒ. 32).

L'unité vient aussi de ce que Napachie a restreint son usage de la couleur. Les lignes noires tracées au feutre définissent ses formes, et des coups légers et doux créent des nuances de tons. Des tons naturels de brun, bleu, rose et rouge sont parfois subtilement appliqués au crayon de couleur sur les lignes noires tracées au feutre, mais ils ne changent ni ne mettent en péril l'équilibre global des compositions. La couleur est parfois utilisée pour créer un point d'attraction dans l'œuvre, comme mentionné plus haut au sujet de *Avances sexuelles* (nᵒ. 8).

Les 69 dessins de cette exposition sont riches en détails sur la culture inuite, l'histoire locale, le folklore traditionnel et sur les coutumes et croyances shamaniques. Ils offrent une perspective personnelle et non romancée qui est unique, mais les histoires racontées par Napachie sont bien plus que de simples documents sur cette société. Ses talents artistiques servent à donner à ces histoires la forme d'œuvres d'art expressives, dans lesquelles des détails minutieusement dépeints sont organisés en compositions sophistiquées qui transmettent de façon puissante des idées et des émotions qui vont au-delà des mots écrits.

CATALOGUE OF WORKS

Notes to Catalogue:

All dimensions are in centimetres in the order:
height x width.

CD numbers are accession numbers assigned by
West Baffin Eskimo Co-operative.

CATALOGUE DES ŒUVRES

Notes à propos du catalogue :

Toutes les dimensions sont en centimètres, dans l'ordre
hauteur x largeur.

Les numéros des CD sont les références assignées par la
West Baffin Eskimo Co-operative.

1. Napachie's Family 1998/99
black felt-tip pen; coloured pencil on paper
51.0 x 66.5
CD-032-5239-abd-98/99

[LEFT TO RIGHT] *Napachie Pootoogook, Kaka Ashoona, Pitseolak Ashoona, Namonai Ashoona, Ottokie Ashoona, Komoatuk Ashoona, Kiuga Ashoona. All of them with their mother, Pitseolak, who looks after them. They are fatherless, as their father, Ashoona, is deceased.*

1. La famille de Napachie 1998–1999
feutre noir et crayons de couleur sur papier
51.0 x 66.5
CD-032-5239-abd-98/99

[DE GAUCHE À DROITE] *Napachie Pootoogook, Kaka Ashoona, Pitseolak Ashoona, Namonai Ashoona, Ottokie Ashoona, Komoatuk Ashoona, Kiuga Ashoona. Tous avec leur mère, Pitseolak, qui veille sur eux. Ils sont orphelins de père car leur père, Ashoona, est décédé.*

37

2. Pitseolak's Hardships #1 1997/98
black felt-tip pen on paper
51.0 x 66.0
CD-032-5192-bd-97/98

*Pitseolak Ashoona is being beaten up by her
husband and Teevie. Teevie is trying to steal her
husband away so they are ganging up on
Pitseolak. Pitseolak had wrapped [her son]
Namonai in a rabbit skin and taken him outside
when he was one month old for fear that he might
get injured. Namonai was placed on the hill when
they were at Akulliit. Pitseolak would cry and
look towards Cape Dorset as she was a battered
woman. She had Olayou and Pinnguaqtuq as
protectors. Teevie was trying to steal Pitseolak's
husband away. She even took care of Namonai
but when they returned, her uncle Tapaungai
returned Namonai to his mother as he felt
compassion for her. This happened at Kangia.*

2. Les malheurs de Pitseolak n°1
1997–1998
feutre noir sur papier
51.0 x 66.0
CD-032-5192-bd-97/98

*Pitseolak Ashoona se fait battre par son mari et
Teevie. Teevie essaie de lui voler son mari, et ils se
liguent contre Pitseolak. Pitseolak avait enveloppé
[son fils] dans une peau de lapin et l'avait
emmené ailleurs quand il avait un mois de peur
qu'il soit blessé. Namonai fut placé sur la colline
quand ils étaient à Akulliit. Pitseolak pleurait et
regardait vers Cap Dorset parce qu'elle était une
femme battue. Elle avait Olayou et Pinnguaqtuq
comme protecteurs. Teevie essayait de voler le mari
de Pitseolak. Elle s'est même occupée de Namonai
mais lorsqu'ils sont revenus, son oncle Tapaungai
a rendu Namonai à sa mère parce qu'il avait de la
compassion pour elle. Cela s'est passé à Kangia.*

3. Pitseolak's Hardships #2
1999/2000
black felt-tip pen on paper
51.0 x 66.2
CD-032-5349-d-99/00

*Pitseolak's baby, Namonai, is being pulled out by
Teevie when she was trying to steal Pitseolak's
husband, Ashoona, at Akulliit. You can see Olayou
standing by and being Pitseolak's hopeless support.
Pitseolak would take walks up the hill when Teevie
was trying to take her husband from her. Teevie
was a snobbish woman and she fooled around
with men. When they crossed over to this area,
Namonai was returned to his mother. Ashoona
and Teevie's husband are standing there. Teevie's
husband just stood and watched his wife stealing
Pitseolak's husband.*

3. Les malheurs de Pitseolak nº2
1999–2000
feutre noir sur papier
51.0 x 66.2
CD-032-5349-d-99/00

*Teevie enlève Namonai, le bébé de Pitseolak
quand elle essaie de voler le mari de Pitseolak,
Ashoona, à Akulliit. Vous pouvez voir Olayou qui
se tient à côté, et qui soutient Pitseolak désespérée.
Pitseolak allait marcher sur la colline quand
Teevie essayait de lui voler son mari. Teevie était
une femme hautaine et elle séduisait les hommes.
Lorsqu'ils se rendirent dans cette région, Namonai
avait été rendu à sa mère. Ashoona et le mari de
Teevie sont présents. Le mari de Teevie se tenait là
et regardait sa femme voler le mari de Pitseolak.*

**4. Napachie's Attempted
Abduction #1** 1997/98

black felt-tip pen; coloured pencil on paper
50.7 x 66.3
CD-032-5151-bd-97/98

*My name is Napachie Pootoogook. When Josephie,
a man other than Eegyvudluk, was trying to take
me for a wife, they tried to put me in a boat.
Pootoogook and his son Eegyvudluk were there,
and Eegyvudluk, my husband-to-be, was watching
me struggle. I won the fight because I was very
frightened. There was my husband-to-be,
Eegyvudluk, just watching.*

**4. La tentative d'enlèvement de
Napachie n°1** 1997–1998

feutre noir et crayons de couleur sur papier
50.7 x 66.3
CD-032-5151-bd-97/98

*Je suis Napachie Pootoogook. Quand Josephie, un
autre homme qu'Eegyvudluk, essayait de me prendre pour femme, ils ont tenté de me mettre dans
un bateau. Pootoogook et son fils Eegyvudluk
étaient là, et Eegyvudluk, mon futur mari, me
regardait me débattre. J'ai gagné le combat parce
que j'avais très peur. Et mon futur mari était là, et
il ne faisait que regarder.*

**5. Napachie's Attempted
Abduction #2** 1997/98
black felt-tip pen; coloured pencil on paper
66.0 x 50.7
CD-032-5232-abdl-97/98

*This is Napachie. Two men are trying to put
Napachie in the boat to take her for a wife. She is
struggling with all her might. The men are
Etidloie and Josephie Eegyvudluk. Pootoogook is
in the boat waiting. He is not the one trying to
take a wife. It is Josephie who is trying to take her.*

**5. La tentative d'enlèvement de
Napachie nº 2** 1997–1998
feutre noir et crayons de couleur sur papier
66.0 x 50.7
CD-032-5232-abdl-97/98

*C'est Napachie. Deux hommes essaient de mettre
Napachie dans un bateau pour en faire une
épouse. Elle se bat de toutes ses forces. Ces
hommes sont Etidloie et Josephie Eegyvudluk.
Pootoogook attend dans le bateau. Ce n'est pas lui
qui essaie de prendre une femme. C'est Josephie
qui essaie de l'enlever.*

43

6. **Competition for a Woman**
1997/98
black felt-tip pen; coloured pencil on paper
51.0 x 66.0
CD-032-5160-bd-97/98

Both of these men have a desire to take the same young woman for a wife and they are wrestling over her. The winner will take her for a wife. That used to be the tradition in the past. The men are Simoonivinialuk and Itilluivinialuk.

6. **Compétition pour une femme**
1997–1998
feutre noir et crayons de couleur sur papier
51.0 x 66.0
CD-032-5160-bd-97/98

Ces deux hommes désirent épouser la même jeune femme et ils luttent pour elle. Le vainqueur la prendra pour femme. C'était la tradition dans le passé. Les hommes sont Simoonivinialuk et Itilluivinialuk.

7. Pootoogook Trying to Abduct Ningeokuluk 1999/2000

black felt-tip pen on paper
51.0 x 66.4
CD-032-5346-d-99/00

This is Pootoogook trying to take Ningeokuluk, even though she is Parr's wife. Ningeokuluk is trying to flee. Pootoogook is trying to trade his sister Elisusie for Ningeokuluk.

7. Pootoogook essaie d'enlever Ningeokuluk 1999–2000

feutre noir sur papier
51.0 x 66.4
CD-032-5346-d-99/00

Pootoogook essaie de prendre Ningeokuluk, bien qu'elle soit la femme de Parr. Ningeokuluk tente de s'échapper. Pootoogook essaie d'échanger sa sœur Elisusie contre Ningeokuluk.

8. Sexual Advances 1997/98
black felt-tip pen; coloured pencil on paper
66.4 x 51.0
CD-032-5199-bd-97/98

While everyone else had gone fishing, Mitiarjuk visited Melia with his pants off to deliver her slipper. He only had his kamiks and his parka on. Melia was an elder and her tent was made from outer parkas and other materials that were sewn together as she had nothing for she was a widow. Old pants and old burlap flour bags were sewn together, and her tent was really small. Melia's husband Alikak is out fishing so the old man Mitiarjuk is making advances toward another woman.

8. Avances sexuelles 1997–1998
feutre noir et crayons de couleur sur papier
66.4 x 51.0
CD-032-5199-bd-97/98

Pendant que tous les autres étaient partis pêcher, Mitiarjuk rendit visite à Melia sans son pantalon pour lui apporter des chaussons. Il portait seulement ses kamiks et son parka. Melia était une aînée et sa tente était faite de parkas et d'autres morceaux de tissus cousus ensemble parce qu'elle n'avait rien, étant veuve. Des pantalons et de vieux sacs à farine en toile étaient cousus ensemble, et sa tente était vraiment petite. Alikak, le mari de Melia, est parti pêcher, alors le vieil homme Mitiarjuk fait des avances à une autre femme.

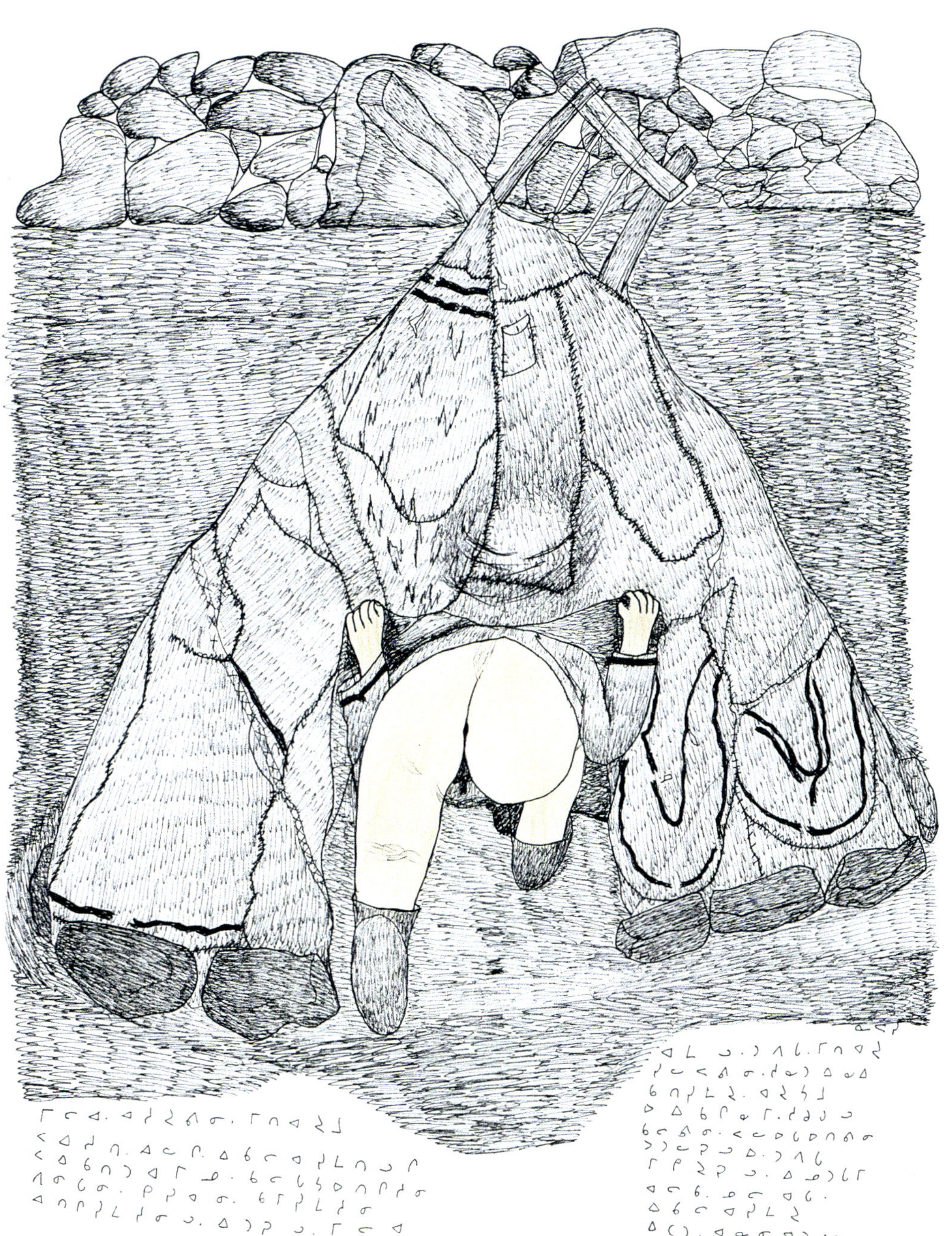

9. Inujjuaraarjuk's Wives
1997/98
black felt-tip pen on paper
51.0 x 66.2
CD-032-5200-d-97/98

Inujjuaraarjuk's wives are working together.
Quujuq, Nirukatsiaq, Kummarjuk, Qimirpikuluk,
and his other wives who did not have children
were there to serve. The four women were his
main wives.

9. Les femmes d'Inujjuaraarjuk
1997–1998
feutre noir sur papier
51.0 x 66.2
CD-032-5200-d-97/98

Les femmes d'Inujjuaraarjuuk travaillent
ensemble. Quujuq, Nirukatsiaq, Kummarjuk,
Qimirpikuluk, et ses autres femmes qui n'avaient
pas d'enfants étaient là pour servir. Les quatre
femmes étaient ses épouses principales.

10. Birthplace 1995/96

black felt-tip pen; coloured pencil on paper

66.0 x 51.2

CD-032-5065-95/96

A birthplace igloo was built to be small enough for a woman in labour. This lone woman has been brought a lamp by her husband as she must stay in the igloo for some time yet. She has a qulliq, a relieving bucket, a drinking cup, and a wooden rod for a signalling device.

10. Le lieu de naissance 1995–1996

feutre noir et crayons de couleur sur papier

66.0 x 51.2

CD-032-5065-95/96

Un igloo de naissance était construit de façon à être assez petit pour une femme prête à accoucher. Le mari de cette femme seule lui a apporté une lampe car elle doit encore rester dans l'igloo un moment. Elle a un qulliq, un seau d'aisance, une tasse pour boire et une baguette de bois pour faire des signes.

11. The Midwife 1999/2000
black felt-tip pen on paper
51.0 x 66.4
CD-032-5360-d-99/00

The woman behind the woman in labour will have the honours of "Arnaliaqtaalangajuq." She will have blessings for the female child.

11. La sage-femme 1999–2000
feutre noir sur papier
51.0 x 66.4
CD-032-5360-d-99/00

La femme derrière la femme qui accouche aura les honneurs du « Arnaliaqtaalangajuq. » Elle donnera les bénédictions à la petite fille.

12. Ou, The Igloo Builder 1999/2000
black felt-tip pen on paper
51.0 x 66.1
CD-032-5432-d-99/00

This woman, Ou, is married to Pauloosie. While her husband cut out the snow blocks, she was very fast at building igloos. Sometimes there was not much snow, but igloos still had to be built.

12. Ou, la bâtisseuse d'igloo 1999–2000
feutre noir sur papier
51.0 x 66.1
CD-032-5432-d-99/00

Cette femme, Ou, est mariée à Pauloosie. Tandis que son mari découpait les blocs de glace, elle construisait très rapidement les igloos. Parfois il n'y avait pas beaucoup de neige, mais il fallait quand même construire des igloos.

13. Pallualuk, the Female Hunter
1997/98
black felt-tip pen on paper
50.9 x 66.2
CD-032-5178-d-97/98

Pallualuk was a woman who would wait at seals' breathing holes like a man. She was a successful hunter and would even hunt seals during the night.

13. Pallualuk, la chasseresse
1997–1998
feutre noir sur papier
50.9 x 66.2
CD-032-5178-d-97/98

Pallualuk était une femme qui n'attendait pas les phoques devant leurs trous comme un homme. Elle était une chasseuse douée et chassait même le phoque pendant la nuit.

14. Women Working 1999/2000
black felt-tip pen on paper
50.7 x 66.0
CD-032-5363-d-99/00

These women are busy softening skins. One woman is scraping a skin on her thigh. They are stretching skins that will be used for the soles of the kamiks, and draining the fat on rocks. Bearded seal skins have patterns cut out. The women are working together and they enjoy what they are doing.

14. Femmes au travail 1999–2000
feutre noir sur papier
50.7 x 66.0
CD-032-5363-d-99/00

Ces femmes sont occupées à assouplir des peaux. Une femme racle une peau sur sa cuisse. Elles étirent les peaux qui serviront à fabriquer les semelles des kamiks et drainent la graisse sur des pierres. Des patrons sont découpés dans des peaux de phoque barbu. Les femmes travaillent ensemble et aiment ce qu'elles font.

15. Clothing 1998/99
black felt-tip pen on paper
50.4 x 66.1
CD-032-5265-ad-98/99

*People from a while ago wearing caribou clothing,
sealskin clothing, and modern clothing used by
adults and children.*

15. Vêtements 1998–1999
feutre noir sur papier
50.4 x 66.1
CD-032-5265-ad-98/99

*Personnes du temps jadis portant des vêtements
en peau de caribou et de phoque, ainsi que des
vêtements modernes portés par des adultes et des
enfants.*

16. Women Playing 1998/99
black felt-tip pen; coloured pencil on paper
50.6 x 66.2
CD-032-5256-abd-98/99

*Women are having an enjoyable time by being
tied to each other at the ankles. Some would fall
when they were not running at the same pace.
Whoever was behind would finish first.*

16. Femmes jouant 1998–1999
feutre noir et crayons de couleur sur papier
50.6 x 66.2
CD-032-5256-abd-98/99

*Ces femmes passent un bon moment en jouant,
attachées l'une à l'autre par les chevilles. Celles
qui ne couraient pas au même pas tombaient.
Celle qui était en arrière pouvait finir première.*

17. Men Playing *Paujujuit*
1999/2000
black felt-tip pen on paper
50.7 x 66.2
CD-032-5397-d-99/00

These men are playing a game called Paujujuit.
They are expert paddlers and are trying to outdo
each other with just a harpoon and a hook on the
qayaq, as that is the rule.

17. Hommes jouant au *Paujujuit*
1999–2000
feutre noir sur papier
50.7 x 66.2
CD-032-5397-d-99/00

Ces hommes jouent à un jeu appelé Paujujuit. Ce
sont d'excellents rameurs et ils essaient d'avoir le
dessus les uns sur les autres avec un simple harpon
et un crochet sur le qayaq, comme c'est la règle.

18. Endurance Competition 1996/97
black felt-tip pen on paper
50.8 x 65.9
CD-032-5135-d-96/97

*Closed-hand hammer blows to each other's cheek
was one of the common endurance competitions.*

18. Concours d'endurance 1996–1997
feutre noir sur papier
50.8 x 65.9
CD-032-5135-d-96/97

*Échanger des coups de poings sur les joues avec
son adversaire était une compétition d'endurance
courante.*

19. Greeting 1999/2000
black felt-tip pen on paper
50.8 x 66.0
CD-032-5381-d-99/00

*These men are very happy to see each other again.
They are kissing each other and then they would
take turns hitting each other's cheeks, as was the
custom when the men didn't see each other for a
while.*

19. Salutations 1999–2000
feutre noir sur papier
50.8 x 66.0
CD-032-5381-d-99/00

*Ces hommes sont très heureux de se revoir. Ils
s'embrassent et vont ensuite chacun à leur tour se
frapper les joues, comme c'était la coutume quand
des hommes ne s'étaient pas vus pendant un
moment.*

20. Dancing and Playing *Nataugaq*
1998/99
black felt-tip pen; coloured pencil on paper
51.0 x 66.4
CD-032-5252-abd-98/99

(PIPE, POCKETKNIFE, QAKUQTAJA, TOBACCO, KAUSAUT, FEATHER, MATCHES)
The husband is dancing while the wife is playing Nataugaq. An object (ajautivini tautirutinga) has become a fiddle and what was once a rib bone is the bow.

20. Danse et jeu du *Nataugaq*
1998–1999
feutre noir et crayons de couleur sur papier
51.0 x 66.4
CD-032-5252-abd-98/99

(PIPE, COUTEAU DE POCHE, QAKUQTAJA, TABAC, KAUSAUT, PLUMES, ALLUMETTES)
Le mari danse pendant que sa femme joue du Nataugaq. Un objet (ajautivini tautirutinga) est devenu un violon et l'archet est fait d'une côte.

21. Children Playing
Amaamaqusijaqtut 1999/2000
black felt-tip pen on paper
50.9 x 66.0
CD-032-5405-d-99/00

*These children are playing a game called
Amaamaqusijaqtut. Their pretend mothers are
finding a place to hide. These children have put
their heads down and they are distracting each
other by yelling "Ammamaqusijaa."*

21. Enfant jouant au
Amaamaqusijaqtut 1999–2000
feutre noir sur papier
50.9 x 66.0
CD-032-5405-d-99/00

*Ces enfants jouent à un jeu appelé
Amaamaqusijaqtut. Celles qui jouent à être leur
mère cherchent un endroit pour se cacher. Ces
enfants baissent la tête et se distraient les uns les
autres en criant « Ammamaqusijaa. »*

22. Oshutsiaq's Acrobatics
1998/99
black felt-tip pen; coloured pencil on paper
51.0 x 66.3
CD-032-5242-abd-98/99

This is Oshutsiaq, who was very acrobatic. He had some flour bags lifted onto some barrels that were too low, so he could jump over them. He wanted to make them higher to jump over. He liked to jump over anything anywhere to show off his skillful acrobatics.

22. Les acrobaties d'Oshutsiaq
1998–1999
feutre noir et crayons de couleur sur papier
51.0 x 66.3
CD-032-5242-abd-98/99

C'est Oshutsiaq, qui était très doué pour les acrobaties. Il a fait placer des sacs de farine sur des tonneaux qui étaient trop bas, afin de pouvoir sauter par-dessus. Il voulait les surélever et sauter par-dessus. Il aimait sauter par-dessus n'importe quoi, n'importe où, pour montrer son talent pour les acrobaties.

23. Ottokie Timothy and Peter Pitseolak as Children 1997/98
black felt-tip pen on paper
51.0 x 66.0
CD-032-5185-bd-97/98

This is Ottokie Timothy and Peter Pitseolak, who are being towed by their mothers. They are on their way to fish at Tikiraqtujuq, as they enjoyed doing that. They were fine and safe and caught fish. They kept going back because they were used to fishing in the area and they found the fish delicious. They are trekking up to the area.

23. Ottokie Timothy et Peter Pitseolak comme enfants 1997–1998
feutre noir sur papier
51.0 x 66.0
CD-032-5185-bd-97/98

Ottokie Timothy et Peter Pitseolak se font tirer par leur mère. Ils s'en vont pêcher à Tikiraqtujuq parce qu'ils aimaient cela. Ils se sentaient bien, étaient en sécurité et prenaient du poisson. Ils y retournaient souvent parce qu'ils avaient l'habitude de pêcher à cet endroit et trouvaient le poisson délicieux. Ils marchent jusqu'à cet endroit.

24. Ottokie's Parents 1997/98
black felt-tip pen on paper
50.8 x 66.2
CD-032-5175-d-97/98

*These are Ottokie's parents. [His father]
Itilluivinaaluk travelled all over by boat, to
Panniqtuuq, northern Quebec, Iqaluit, and
Kimmirut. He travelled to all the nearby camps
by boat and has descendants everywhere. His
parents were young and so they did not have
many children. They saw all kinds of animals
and sometimes fearsome ones even tried to upset
their boat.*

24. Les parents d'Ottokie 1997–1998
feutre noir sur papier
50.8 x 66.2
CD-032-5175-d-97/98

*Ce sont les parents d'Ottokie. [Son père]
Itilluivinaaluk a voyagé en bateau jusqu'à
Panniqtuuq, dans le nord du Québec, Iqaluit et
Kimmirut. Il s'est rendu en bateau dans tous les
campements alentour et a des descendants
partout. Ses parents étaient jeunes et donc ils
n'avaient pas beaucoup d'enfants. Ils ont vu toutes
sortes d'animaux, parfois effrayants, qui ont
même essayé de renverser le bateau.*

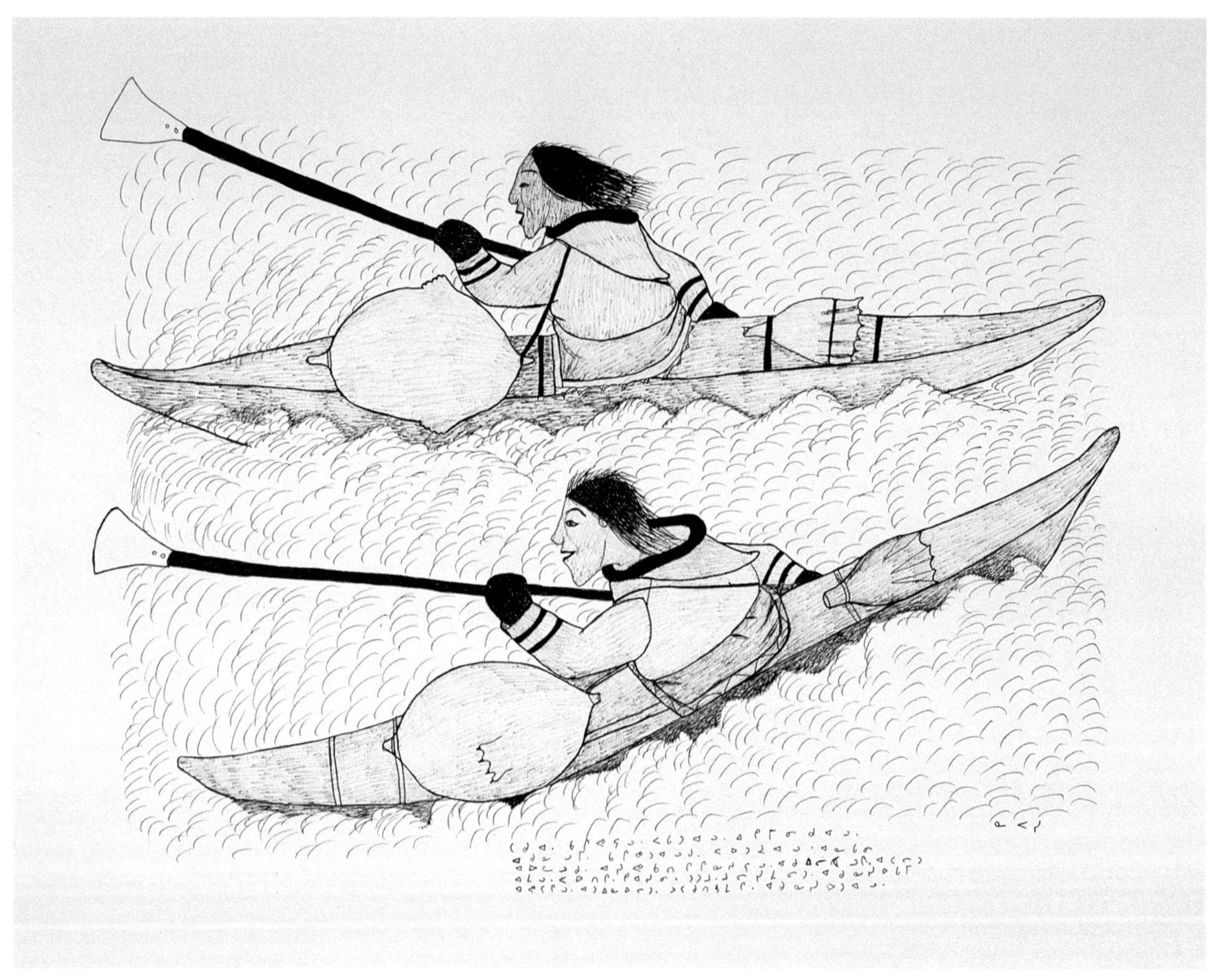

25. Paddling in Rough Weather
1999/2000
black felt-tip pen on paper
50.8 x 66.2
CD-032-5394-d-99/00

These two men are paddling toward the land. They always hunted together and their grandmother is Aullaluk. They are paddling in the rough seas, and they have their sealskin floats ready just in case they need them.

25. Ramer dans les intempéries
1999–2000
feutre noir sur papier
50.8 x 66.2
CD-032-5394-d-99/00

Ces deux hommes rament vers la terre. Il chassaient toujours ensemble, et leur grand-mère est Aullaluk. Ils rament sur la mer houleuse et ils gardent leurs bouées en peau de phoque à portée de la main, au cas où ils en auraient besoin.

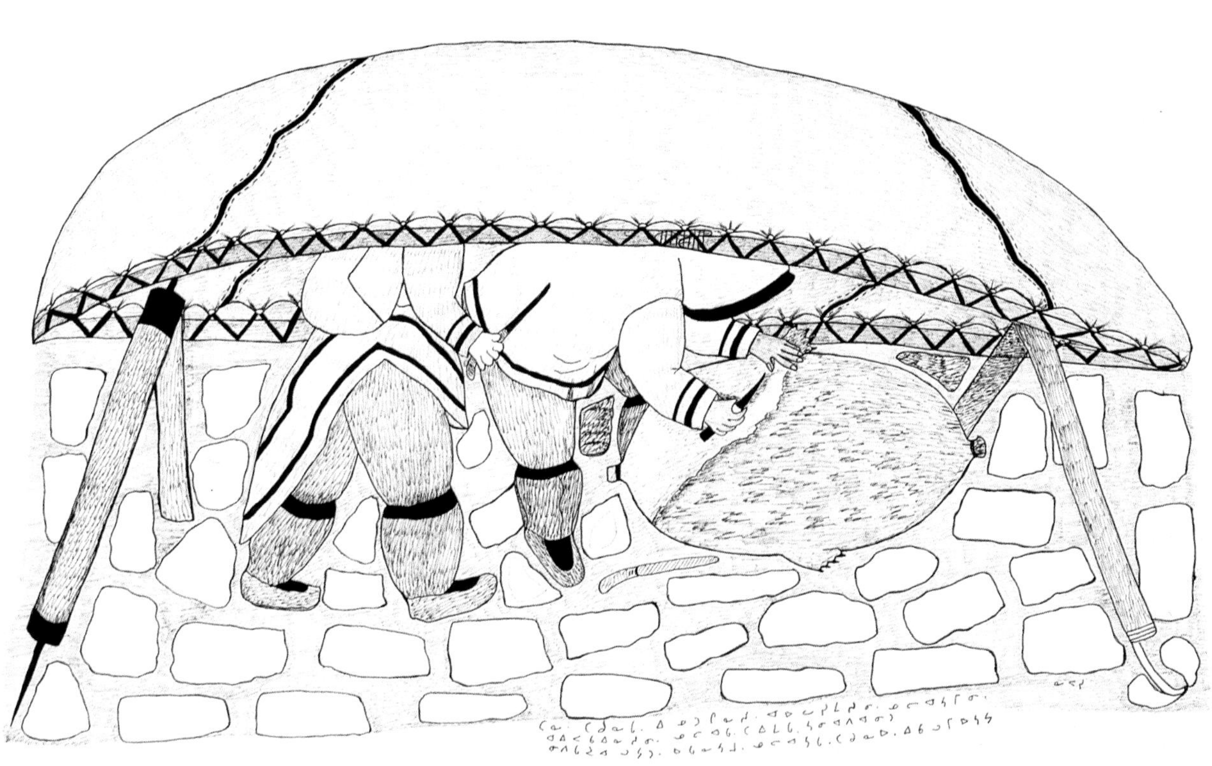

26. Takunnagaq the Traveller
1999/2000
black felt-tip pen on paper
51.0 x 66.0
CD-032-5412-d-99/00

This is Takunnagaq, who often travels alone with his spirit wife. His spirit wife is forever by his side as if she is stuck to him. Takunnagaq is originally from Iqaluit.

26. Takunnagaq le voyageur
1999–2000
feutre noir sur papier
51.0 x 66.0
CD-032-5412-d-99/00

Voici Takunnagaq, qui voyage souvent seul avec l'esprit de sa femme. L'esprit de sa femme se tient éternellement à ses côtés, comme si elle lui était accrochée. Takunnagaq est originaire d'Iqaluit.

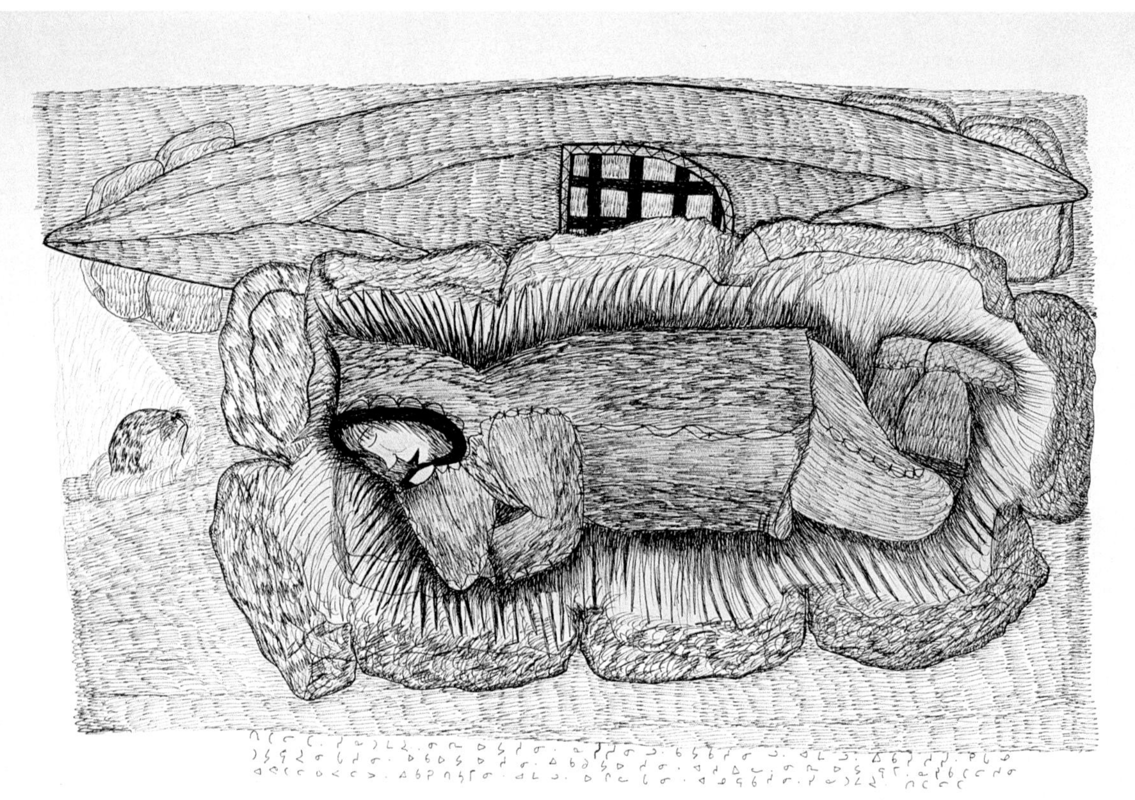

**27. Tiktaliktak Dreaming of
Good Hunting** 1997/98

black felt-tip pen; coloured pencil on paper
51.0 x 66.2
CD-032-5190-bd-97/98

*Tiktaliktak, dreaming away with his expectations.
He dreamt he caught a seal and that he has a
qayaq. He dreamt that he crossed over to Cape
Dorset from Tujjaaraarjuit [an island near
Nottingham Island]. He was told to make the
crossing. As he expected, he started to catch seals
and started making floats to help him cross over.
He dreamt that he had stitched up skin for
clothing as well.*

**27. Tiktaliktak rêvant d'une
bonne chasse** 1997–1998

feutre noir et crayons de couleur sur papier
51.0 x 66.2
CD-032-5190-bd-97/98

*Tiktaliktak, qui rêve à ses espérances. Il a rêvé
qu'il prenait un phoque et qu'il avait un qayaq.
Il a rêvé qu'il se rendait de Tujjaaraarjuit (une île
près de Nottingham Island) à Cap Dorset.
Quelque chose lui a dit de faire cette traversée.
Comme il l'espérait, il a commencé à prendre des
phoques et à fabriquer des bouées pour l'aider à
traverser. Il a aussi rêvé qu'il avait cousu des
peaux pour se faire des vêtements.*

28. Family Looking for Food
1999/2000
black felt-tip pen on paper
50.8 x 66.2
CD-032-5424-d-99/00

This family is walking to Saarruq as they are hungry and poor. The couple are Noah and Iimairniq, and their children are Ningeolaaq, Ananganii, Angutaujaq, Anaanauniq, and Melia.

28. Famille cherchant de la nourriture
1999–2000
feutre noir sur papier
50.8 x 66.2
CD-032-5424-d-99/00

Cette famille marche vers Saarruq, affamée et pauvre. Le couple se compose de Noah et Iimairniq, et les enfants sont Ningeolaaq, Ananganii, Angutaujaq, Anaanauniq et Melia.

29. Starvation 1999/2000
black felt-tip pen on paper
51.0 x 66.0
CD-032-5371-d-99/00

*These people are brewing the remains of a female
child. The child had starved so they were cooking
her to feed themselves. They were even eating the
skin of the qayaq. As they were cooking, the hands
were holding on to the rim of the pot. Sometimes
this happened even in the summer. It was all they
could eat. They did not do this intentionally and
they did not do it because they were evil.*

29. Famine 1999–2000
feutre noir sur papier
51.0 x 66.0
CD-032-5371-d-99/00

*Ces gens préparent les restes d'une petite fille.
L'enfant était morte de faim, alors ils la faisaient
cuire pour se nourrir. Ils mangeaient même la
peau du qayaq. Tandis qu'ils cuisinaient, leurs
mains se cramponnaient au bord de la marmite.
Parfois cela arrivait même pendant l'été. C'était
tout ce qu'ils pouvaient manger. Ils ne le faisaient
ni volontairement, ni parce qu'ils étaient mauvais.*

30. Hungry Grandmother 1999/2000
black felt-tip pen on paper
51.0 x 66.2
CD-032-5366-d-99/00

This is a mother and her daughter. Mary is the daughter and Akatuk is the mother, the wife of Napatchie. Akatuk wanted to get her hands on her grandchild as she had the urge to eat her. She had her pot ready while dressing near the entrance. When they were hungry and the child cried, the grandmother would say, "You are nice and tender, so stop crying." The daughter made sure she had the baby on her bosom, refusing to give the baby to her mother.

30. Une grand-mère affamée 1999–2000
feutre noir sur papier
51.0 x 66.2
CD-032-5366-d-99/00

Ce sont une mère et sa fille. La fille s'appelle Mary et la mère Akatuk, qui est la femme de Napatchie. Akatuk voulait mettre la main sur sa petite fille parce qu'elle voulait la manger. Sa marmite est prête et elle s'habille près de l'entrée. Lorsqu'elles avaient faim et que l'enfant pleurait, la grand-mère disait : « Tu es jolie et tendre, alors arrête de pleurer. » La fille prenait bien garde de toujours garder son bébé contre elle, et refusait de le donner à sa mère.

31. Salluit/Cape Dorset Rivalry #1 1997/98
black felt-tip pen; coloured pencil on paper
50.8 x 66.3
CD-032-5174-bd-97/98

This is the first meeting of people from Salluit and Kinngait (Cape Dorset). They went for a walrus hunt and there was no animosity amongst them. They were happy to get together again and they did not know what the future held for them in Akulliit. They welcomed each other as they were from different communities.

31. Rivalité entre Salluit et Cap Dorset nº1 1997–1998
feutre noir et crayons de couleur sur papier
50.8 x 66.3
CD-032-5174-bd-97/98

C'est la première rencontre entre les gens de Salluit et de Kinngait (Cap Dorset). Ils partaient pour la chasse au morse et il n'y avait aucune animosité entre eux. Ils étaient heureux de se retrouver et ne savaient pas ce qui les attendait à Akulliit. Ils se sont accueillis mutuellement, venant de communautés différentes.

32. Salluit/Cape Dorset
Rivalry #2 1997/98
black felt-tip pen; coloured pencil on paper
50.7 x 66.3
CD-032-5187-bd-97/98

*These men have started wrestling as the
competition has begun. The [Salluit] rivals were
sore losers when they lost. The people of Salluit,
Quebec, have disliked Dorset people since then.
Some are still alive and some are no longer living.
The same thing is true here in Cape Dorset. Some
are still alive and some have passed on. There is
less animosity now even though there is still some
from those who know about the competition.*

32. Rivalité entre Salluit et
Cap Dorset n°2 1997–1998
feutre noir et crayons de couleur sur papier
50.7 x 66.3
CD-032-5187-bd-97/98

*La compétition a commencé et ces hommes ont
commencé à lutter. Les concurrents [de Salluit]
se sont montrés mauvais perdants. Les gens de
Salluit (Québec) n'ont plus apprécié ceux de Dorset
à partir de ce moment-là. Certains sont encore en
vie et d'autres ne le sont plus. C'est vrai aussi ici à
Cap Dorset. Certains sont toujours vivants et
d'autres sont morts. Il y a moins d'animosité à
présent, bien qu'il y en ait toujours de la part de
ceux qui sont au courant de la compétition.*

33. Salluit /Cape Dorset
Rivalry #3 1997/98
black felt-tip pen, coloured pencil on paper
51.0 x 66.2
CD-032-5173-d-97/98

This group has just had a wrestling match in Akulliit. The people of Kinngait are smiling as they are the winners, whereas the people of Salluit are frowning because they just lost the wrestling match. They are walking towards the boat on their way to depart. They weren't talking to the people of Kinngait anymore. This happened not too long ago.

33. Rivalité entre Salluit et
Cap Dorset nᵒ 3 1997–1998
feutre noir et crayons de couleur sur papier
51.0 x 66.2
CD-032-5173-d-97/98

Ce groupe vient de participer à une rencontre de lutte à Akulliit. Les gens de Kinngait sourient parce qu'ils sont vainqueurs, alors que les gens de Salluit ont un visage sombre parce qu'ils viennent de perdre la rencontre de lutte. Ils sont sur le chemin du retour et marchent vers leur bateau. Ils ont cessé de parler aux gens de Kinngait. Cela se passait il n'y a pas très longtemps.

**34. The Whirlpool and the
Store Manager** 1999/2000
black felt-tip pen on paper
66.0 x 50.9
CD-032-5434-d-99/00

*This is a [Hudson's Bay Company] store manager
from Kimmirut who intentionally steered his boat
into a whirlpool. He was afraid that when the
annual ship arrived his superiors would find out
about his criminal activity. I don't know how the
others did not perish. Tommy [Manning] survived
with the wife of the manager. He carried her
overland by telling her that they were not far from
the community, even though they were far. He did
not want her to give up hope.*

**34. Le tourbillon et le directeur de
magasin** 1999–2000
feutre noir sur papier
66.0 x 50.9
CD-032-5434-d-99/00

*C'est un directeur de magasin [de la Compagnie
de la Baie d'Hudson] de Kimmirut; il avait
intentionnellement mené son bateau dans un
tourbillon. Il craignait que ses supérieurs ne
découvrent ses activités criminelles lorsque le
navire arriverait comme tous les ans. Je ne sais pas
comment les autres ont fait pour survivre. Tommy
[Manning] a survécu avec la femme du directeur.
Il l'a menée à travers les terres en lui disant qu'ils
n'étaient pas loin de la communauté, alors qu'ils
étaient loin. Il ne voulait pas qu'elle perde espoir.*

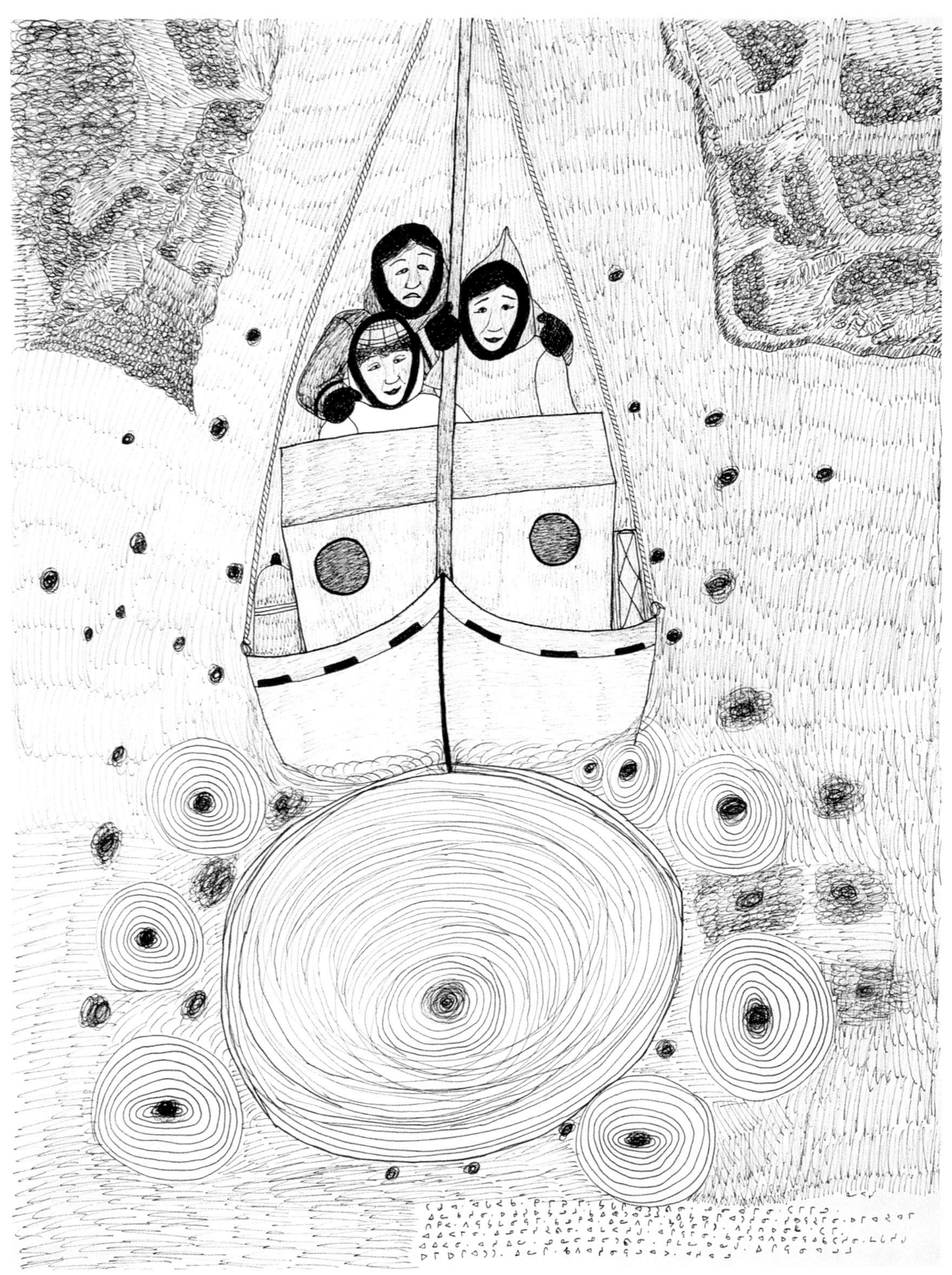

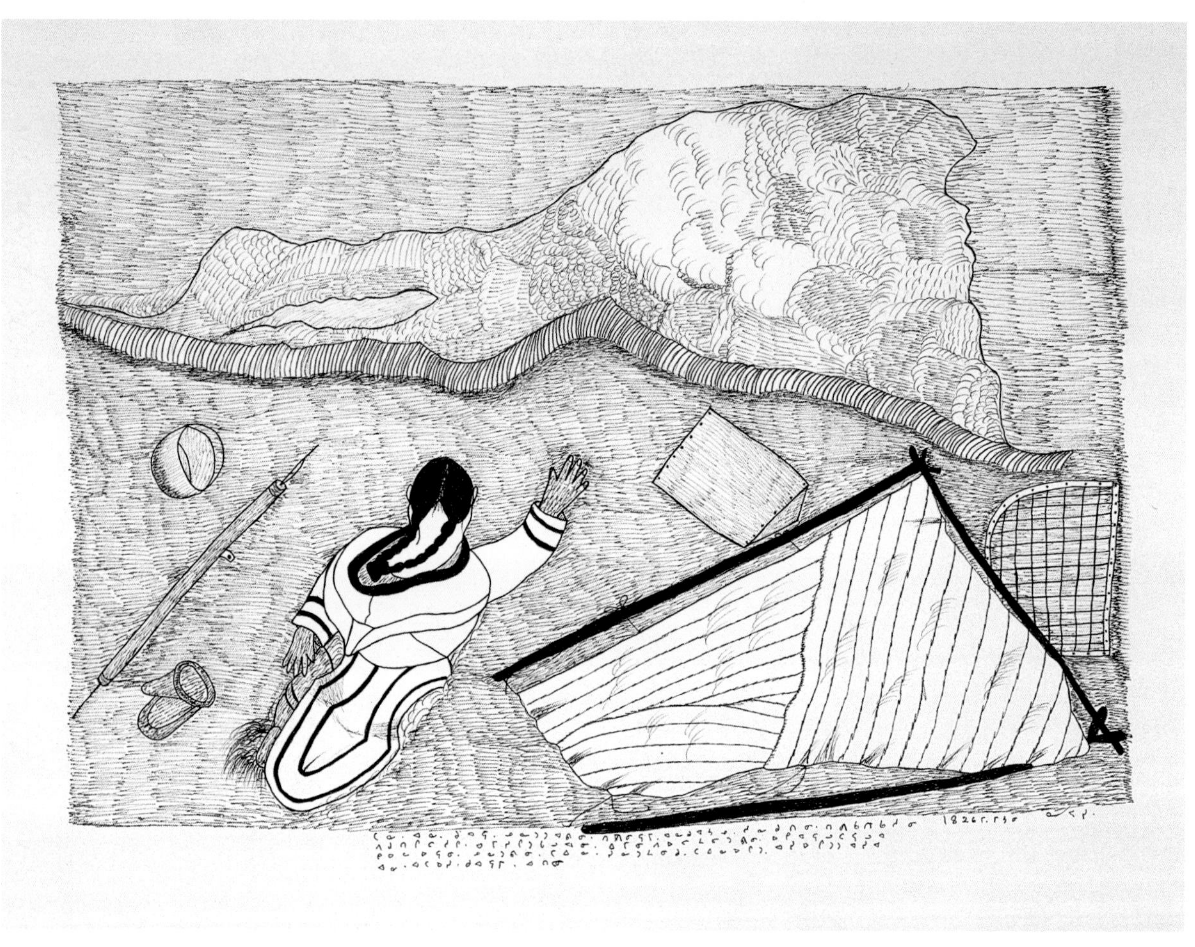

35. Quaraq, the Survivor 1999/2000
black felt-tip pen on paper
51.0 x 66.4
CD-032-5407-d-99/00

*There was a boating tragedy at Arnaquatsaat by
Igalaalik. There was a loss of lives and qayaqs as
they got caught in a storm. This woman, Quaraq,
was the only survivor to land at Arnaquatsaat.
Their belongings drifted to the same island with
her so she was able to survive even though this
happened in the fall. She was the only survivor
and she had a dream about the accident before
it happened.*

35. Quaraq, la survivante 1999–2000
feutre noir sur papier
51.0 x 66.4
CD-032-5407-d-99/00

*Il y a eu une tragédie en mer à Arnaquatsaat près
d'Igalaalik. Ils furent pris dans une tempête et des
vies et des qayaqs furent perdus. Cette femme,
Quaraq, a été la seule survivante à atteindre la
terre à Arnaquatsaat. Leurs biens s'étaient échoués
sur la même île de sorte qu'elle fut capable de
survivre même si c'était arrivé à l'automne. Elle
était la seule survivante et elle avait rêvé de
l'accident avant qu'il ne survienne.*

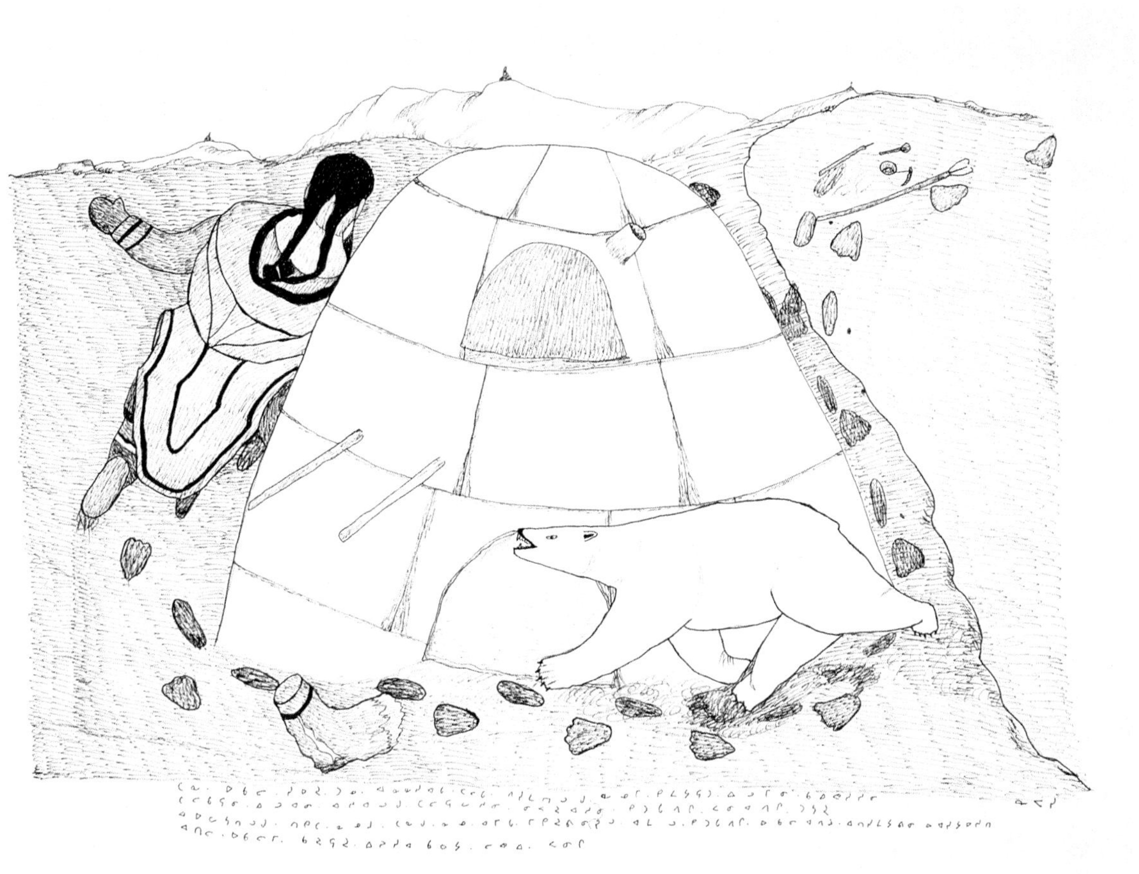

36. Okaliq and the Bear 1997/98
black felt-tip pen on paper
51.0 x 66.0
CD-032-5158-d-97/98

This is Okaliq, Sheojuke Toonoo's grandmother. Her arm has been detached by a bear and she is running around the igloo fleeing from the bear. She was moaning in pain and saying "my arm!" Her daughters could hear their mother screaming. She had been fishing when a bear approached her. It is said that the bearskin was really small. There was a rabbit that was in the igloo to protect the children. The woman's name was Okaliq and her daughters were Qaqjuraarjuk, Egetsiaq, Kaujjak, and Leevi.

36. Okaliq et l'ours 1997–1998
feutre noir sur papier
51.0 x 66.0
CD-032-5158-d-97/98

Voici Okaliq, la grand-mère de Sheojuke Toonoo. Son bras a été arraché par un ours et elle court autour de l'igloo pour fuir cet ours. Elle gémissait de douleur et disait : « Mon bras! » Ses filles entendaient leur mère crier. Elle était en train de pêcher quand un ours s'est approché d'elle. On dit que la peau de l'ours était vraiment petite. Il y avait un lapin dans l'igloo pour protéger les enfants. Le nom de cette femme était Okaliq et ses filles s'appelaient Qaqjuraarjuk, Egetsiaq, Kaujjak et Leevi.

37. Tappaanie and His Family
1999/2000
black felt-tip pen on paper
51.0 x 66.2
CD-032-5441-d-99/00

*Nuna, Noah, and Josephie are wrestling with
Tappaanie. Tappaanie is angry at his family for
dragging him out into the sea. All the weapons
were hidden from him as they were fighting.
Nuna's children were wrestling all day as
Tappaanie sought revenge against his brothers.*

37. Tappaanie et sa famille
1999–2000
feutre noir sur papier
51.0 x 66.2
CD-032-5441-d-99/00

*Nuna, Noah et Josephie luttent avec Tappaanie.
Tappaanie est en colère contre sa famille qui l'a
traîné dans la mer. Toutes les armes ont été tenues
loin de lui tandis qu'ils se battaient. Les enfants de
Nuna luttaient toute la journée car Tappaanie
voulait se venger de ses frères.*

38. Coming of Christianity
1995/96
black felt-tip pen; coloured pencil on paper
51.0 x 66.0
CD-032-5074-bd-95/96

*People are getting rid of prized personal
possessions under the influence of Christianity.*

38. L'arrivée du christianisme
1995–1996
feutre noir et crayons de couleur sur papier
51.0 x 66.0
CD-032-5074-bd-95/96

*Les gens se débarrassent de leurs biens personnels
de prix sous l'influence du christianisme.*

39. Evangelic Jayko 1995/96
black felt-tip pen; coloured pencil on paper
66.0 x 51.4
CD-032-5075-bd-95/96

*Jayko and his wife are praying for forgiveness of
their sins, as usual standing on a block of snow
depicting a bible. They came to possess things
owned by other people when they influenced them
to throw away their earthly possessions.*

39. Jayko l'évangéliste 1995–1996
feutre noir et crayons de couleur sur papier
66.0 x 51.4
CD-032-5075-bd-95/96

*Jayko et sa femme prient pour le pardon de leur
péchés, et se tiennent comme d'habitude sur un
bloc de neige représentant une bible. Ils finissaient
par s'approprier les biens des personnes qu'ils
avaient convaincues de se débarrasser de leurs
possessions terrestres.*

40. Igloo Stadium 1995/96
black felt-tip pen; coloured pencil on paper
66.3 x 49.7
CD-032-5073-bd-95/96

Jayko is running naked on a half-built igloo
"stadium," as he thought he possessed godly
powers. The igloo is not done yet.

40. Stade igloo 1995–1996
feutre noir et crayons de couleur sur papier
66.3 x 49.7
CD-032-5073-bd-95/96

Jayko court nu dans un « stade » igloo à moitié
construit parce qu'il pensait qu'il possédait des
pouvoirs divins. L'igloo n'est pas encore terminé.

41. Flying Power 1995/96
black felt-tip pen; coloured pencil on paper
66.0 x 50.9
CD-032-5076-bd-95/96

*Kitty prepared to take off from a cliff at an island
called Tuniit. Her husband, Jayko, is naked in the
middle of winter, holding bibles as usual. This was
during the first introduction of Jesus. Kitty thought
she was a Goddess and as powerful as God.*

41. Le pouvoir de voler 1995–1996
feutre noir et crayons de couleur sur papier
66.0 x 50.9
CD-032-5076-bd-95/96

*Kitty se prépare à s'envoler d'une falaise sur une
île appelée Tuniit. Son mari, Jayko, est nu au
milieu de l'hiver, tenant des bibles comme
d'habitude. Cela se passait pendant la première
introduction de Jésus. Kitty pensait qu'elle était
une déesse et qu'elle était aussi puissante que Dieu.*

42. Aijout's Story 1997/98
black felt-tip pen; coloured pencil on paper
32.6 x 33.3
CD-032-5225-bd-97/98

Aijout was from the Cape Dorset area and was possessed by an evil force. She was able to do anything. She was stronger than men, her husband, and her children. She used to be tied down with ropes. When she became possessed, Aijout's body enlarged.

42. L'histoire d'Aijout 1997–1998
feutre noir et crayons de couleur sur papier
32.6 x 33.3
CD-032-5225-bd-97/98

Aijout était de la région de Cap Dorset, et elle était possédée par une force démoniaque. Elle était capable de tout. Elle était plus forte que les hommes, son mari et ses enfants. On devait l'attacher avec des cordes. Lorsqu'elle était possédée, le corps d'Aijout grossissait.

43. Aijout Became Evil
1997/98
black felt-tip pen on paper
33.2 x 32.8
CD-032-5224-d-97/98

Aijout has become evil. This is a true story.

43. Aijout est devenue maléfique
1997–1998
feutre noir sur papier
33.2 x 32.8
CD-032-5224-d-97/98

Aijout est devenue maléfique. C'est une histoire vraie.

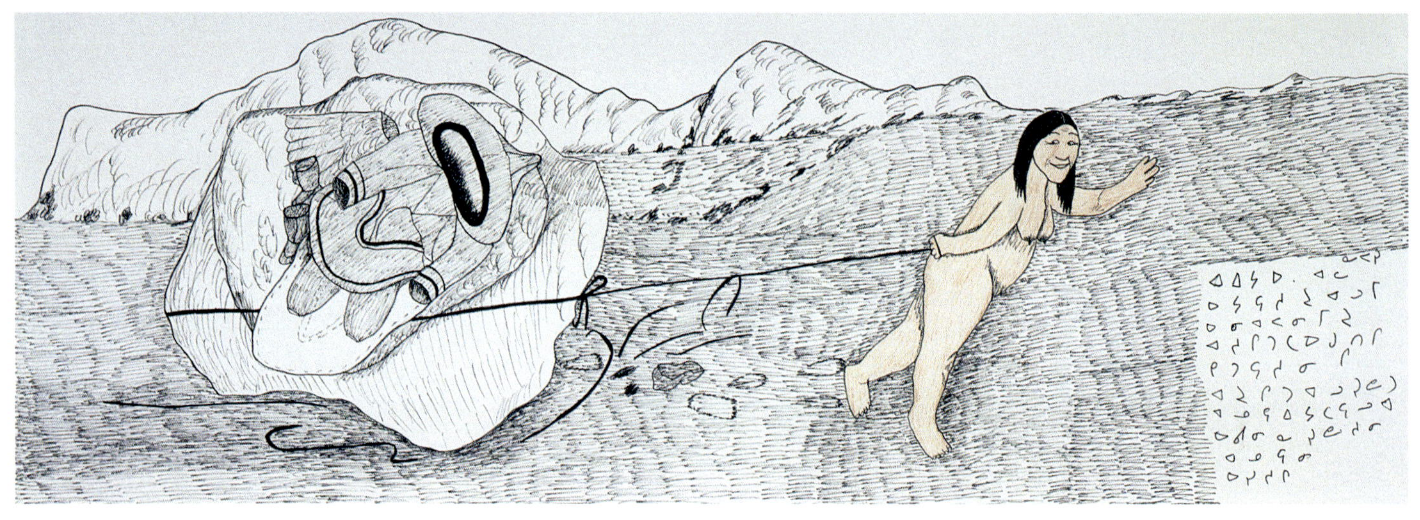

44. Aijout's Strength 1997/98
black felt-tip pen; coloured pencil on paper
23.0 x 66.3
CD-032-5206-bd-97/98

*Aijout was able to drag a boulder. She would unite
herself with the boulder, and use the rope to drag
the boulder. She would completely remove her
clothing and put it on top of the boulder that she
was dragging along.*

44. La force d'Aijout 1997–1998
feutre noir et crayons de couleur sur papier
23.0 x 66.3
CD-032-5206-bd-97/98

*Aijout était capable de tirer un rocher. Elle
s'attachait au rocher et utilisait la corde pour
tirer le rocher. Elle enlevait tous ses vêtements et
les posait sur le rocher qu'elle tirait.*

90

45. Aijout's Family 1997/98
black felt-tip pen; coloured pencil on paper
23.0 x 66.2
CD-032-5205-bd-97/98

*Aijout's family would flee from her, and then
return. Aijout was impossible to be around when
she was possessed. Sometimes she would even
crawl naked and use the inutsuit as camouflage.
She was very strong and she feared nothing.*

45. La famille d'Aijout 1997–1998
feutre noir et crayons de couleur sur papier
23.0 x 66.2
CD-032-5205-bd-97/98

*La famille d'Aijout la fuyait et revenait. Il était
impossible de rester près d'Aijout quand elle était
possédée. Parfois elle rampait nue et utilisait
l'inutsuit pour se camoufler. Elle était très forte et
ne craignait rien.*

46. Aijout's Spirits 1997/98
black felt-tip pen on paper
32.8 x 66.0
CD-032-5203-d-97/98

*Aijout would get everyone together and pick them
up and throw them, frightening them. She was
capable of anything and did not permit the people
to be near inutsuit, as they were her spirit helpers.*

46. Les esprits d'Aijout 1997–1998
feutre noir sur papier
32.8 x 66.0
CD-032-5203-d-97/98

*Aijout pouvait rassembler des gens, les soulever et
les jeter au loin, effrayant tout le monde. Elle était
capable de tout et ne permettait à personne de
s'approcher des inutsuit parce qu'ils aidaient ses
esprits.*

47. Aijout's Death 1997/98
black felt-tip pen; coloured pencil on paper
23.2 x 66.4
CD-032-5204-bd-97/98

*They had no option but to kill Aijout. They could
no longer control her. Even then it was hard to try
to catch her, as she was possessed by evil. They
even had a hard time shooting her, but eventually
she died, of course. Firearms seem to have power
over everything.*

47. La mort d'Aijout 1997–1998
feutre noir et crayons de couleur sur papier
23.2 x 66.4
CD-032-5204-bd-97/98

*Ils n'avaient pas d'autres choix que de tuer Aijout.
Ils ne pouvaient plus la contrôler. Mais il était
quand même difficile d'essayer de l'attraper parce
qu'elle était possédée par le mal. Ils eurent même
de la difficulté à l'abattre, mais elle finit par
mourir, bien sûr. Les armes à feu semblent avoir
du pouvoir sur tout.*

48. Blind Boy and the Loon #1
1998/99
black felt-tip pen; coloured pencil on paper
51.0 x 66.4
CD-032-5235-abd-98/99

*This is a blind person who was mistreated by his
mother. A polar bear has trespassed in their camp,
so the mother has given him a bow and arrow to
shoot the bear. He shot the bear even though he
was blind. He asked if he had shot it, but the
mother lied to him and said, "No, you have shot a
dog instead." She mistreated him, and whenever
she cooked some bear meat, she gave him cooked
dog meat instead.*

48. Le jeune aveugle et le huard nº1
1998–1999
feutre noir et crayons de couleur sur papier
51.0 x 66.4
CD-032-5235-abd-98/99

*C'est un aveugle qui était maltraité par sa
mère. Un ours polaire s'était introduit dans le
campement, et la mère lui donna un arc et des
flèches pour abattre l'ours. Il abattit l'ours alors
même qu'il était aveugle. Il demanda s'il l'avait
touché, mais sa mère lui mentit et lui dit : « Non,
tu as touché un chien. » Elle le maltraitait, et à
chaque fois qu'elle cuisinait de la viande d'ours,
elle lui donnait, au lieu, de la viande de chien.*

49. Blind Boy and the Loon #2
1998/99
black felt-tip pen; coloured pencil on paper
50.9 x 66.1
CD-032-5234-abd-98/99

*A blind person was helped to swim underwater by
a loon. If he started to drown, the loon would tell
him to move about. Time and time again they
would surface and each time the boy would be
able to see better. But he would say, "I still don't
see well." The loon would reply, "on the last time,
the longest time that you are underwater, you will
see better." The loon was right and soon the boy
was able to see far away.*

49. Le jeune aveugle et le huard nº2
1998–1999
feutre noir et crayons de couleur sur papier
50.9 x 66.1
CD-032-5234-abd-98/99

*Un huard a aidé un aveugle à nager sous l'eau.
S'il commençait à se noyer, le huard lui disait de
gesticuler. De temps à autres ils faisaient surface
et chaque fois le garçon voyait mieux. Mais il
disait : « Je ne vois toujours pas bien. » Le huard
répondait : « À la fin, lorsque tu seras resté le plus
longtemps sous l'eau, tu verras mieux. » Le huard
avait raison et bientôt le garçon fut capable de
voir au loin.*

50. Kaujjajjuk #1 1998/99
black felt-tip pen on paper
51.0 x 66.4
CD-032-5260-ad-98/99

This is Kaujjajjuk, who slept among the dogs for warmth at the entrance of an igloo during winter. He even ate with the dogs. That was how he was mistreated. He kept hidden in his crotch the tiny knife that a woman had made for him so he could cut meat that was meant for the dogs.

50. Kaujjajjuk nº1 1998–1999
feutre noir sur papier
51.0 x 66.4
CD-032-5260-ad-98/99

C'est Kaujjajjuk qui dormait avec les chiens pour se tenir au chaud dans l'entrée d'un igloo pendant l'hiver. Il mangeait même avec les chiens. Voilà comment il était maltraité. Il tenait, caché entre ses jambes, un petit couteau qu'une femme avait fabriqué pour lui, pour qu'il puisse couper des morceaux de la viande destinée aux chiens.

51. Kaujjajjuk #2 1997/98
black felt-tip pen, coloured pencil on paper
50.9 x 66.0
CD-032-5230-abd-97/98

*This is Kaujjajjuk turning into a big person. His
parka ends up being his neck warmer. His pants
tear as he grows. His kamiks are now only big
enough for his toes. His grandmother, who had
been very abusive, asked in a very scared voice,
"Grandson, are going to get me too?" Kaujjajjuk
answered, "I will get you too."*

51. Kaujjajjuk nᵒ2 1997–1998
feutre noir et crayons de couleur sur papier
50.9 x 66.0
CD-032-5230-abd-97/98

*Kaujjajjuk est devenu une grande personne. Son
parka est devenu son écharpe. Ses pantalons se
déchirent au fur et à mesure qu'il grandit. Ses
kamiks sont maintenant juste assez grands pour
ses orteils. Sa grand-mère, qui l'a beaucoup
maltraité, lui demanda d'une voix effrayée :
« Petit-fils, vas-tu aussi m'avoir? » Kaujjajjuk
répondit : « Je t'aurai aussi. »*

52. Qitsualiminialuk 1999/2000
black felt-tip pen on paper
50.8 x 66.2
CD-032-5364-d-99/00

*This is Qitsualiminialuk surrounded by
wolves. The wolves evolved from maggots and
were very fierce.*

52. Qitsualiminialuk 1999–2000
feutre noir sur papier
50.8 x 66.2
CD-032-5364-d-99/00

*Qitsualiminialuk, encerclé par les loups.
Les loups se développaient à partir des vers et
étaient très cruels.*

53. Contacting the Dead 1997/98
black felt-tip pen; coloured pencil on paper
50.9 x 66.2
CD-032-5171-bd-97/98

*This woman is trying to reach her dead husband
but she cannot do that without putting saliva on
him. Saliva had to be applied to those who
perished at sea. The dead would try to come
home—even during the night. They could appear
out of nowhere out on the land. You cannot touch
them unless you put saliva on them. Once saliva
was applied, it was possible to get together with
them. They were not frightening for they were not
ghosts. That happened to people long ago. You
could meet them but you could not touch them
without saliva.*

53. Contact avec les morts 1997–1998
feutre noir et crayons de couleur sur papier
50.9 x 66.2
CD-032-5171-bd-97/98

*Cette femme essaie de joindre son mari décédé,
mais elle ne peut pas le faire sans mettre de la
salive sur lui. Il fallait appliquer de la salive sur
ceux qui étaient morts en mer. Les morts
essayaient de rentrer chez eux, même pendant la
nuit. Ils pouvaient sortir de n'importe où sur terre.
On ne peut pas les toucher sauf si on met de la
salive sur eux. Une fois que de la salive avait été
mise, on pouvait entrer en contact avec eux. Ils ne
faisaient pas peur parce que ce n'étaient pas des
fantômes. Cela arrivait aux gens il y a longtemps.
Vous pouviez les rencontrer mais pas les toucher
sans salive.*

54. Dwarf Tracking 1995/96
black felt-tip pen; coloured pencil on paper
50.5 x 66.0
CD-032-5048-bd-95/96

*This man is walking with his dog on a leash and
tracked a dwarf to the dwarf's igloo. The dwarf
darted from side to side in front of him. He
jumped up to the man's shoulders and grabbed
hold of his mouth and nostrils to suffocate him.
The dog attacked the dwarf and decapitated him.
The dwarf's family sounded like songbirds when
mourning, due to their tiny size.*

54. La traque du nain 1995–1996
feutre noir et crayons de couleur sur papier
50.5 x 66.0
CD-032-5048-bd-95/96

*Cet homme marche avec son chien en laisse et
poursuit le nain jusqu'à l'igloo du nain. Le nain
s'élançait dans tous les sens devant lui. Il sauta sur
l'épaule de l'homme et se cramponna à sa bouche
et ses narines pour l'étouffer. Le chien attaqua le
nain et le décapita. Les pleurs de la famille du
nain ressemblaient à des chants d'oiseaux à cause
de leur petite taille.*

55. Ijiraqs 1997/98
black felt-tip pen; coloured pencil on paper
33.0 x 66.0
CD-032-5228-abd-97/98

*Two sisters were hiding by a creek. These human
women were married to ijiraqs. They were trying
to go home so they were hiding and their
husbands were looking for them. They were
fortunate that they weren't seen. The ijiraqs were
throwing rocks as they tried to make their wives
appear. The two women were kidnapped by ijiraqs
when they were little girls playing.*

55. Ijiraqs 1997–1998
feutre noir et crayons de couleur sur papier
33.0 x 66.0
CD-032-5228-abd-97/98

*Deux sœurs se cachaient près d'un ruisseau.
Ces femmes humaines étaient mariées à des
ijiraqs. Elles se cachaient parce qu'elles essayaient
de rentrer chez elles et leurs maris les cherchaient.
Elles eurent la chance de ne pas être vues. Les
ijiraqs jetaient des pierres pour faire apparaître
leurs femmes. Les deux femmes avaient été
enlevées lorsqu'elles étaient petites pendant qu'elles
jouaient.*

56. Isacci's Non-Human Wife
1995/96
black felt-tip pen; coloured pencil on paper
51.2 x 66.0
CD-032-5045-bd-95/96

*Isacci is living with his non-human wife.
Isacci is a human being. His non-human wife is
demonstrating transformation, and she can look
exactly like a human. Isacci is living with her and
their children because he is in love with her. She
vanishes when there are people around. She is
demonstrating her abilities to Isacci. They even
had children who were not human. Isacci is truly
human, and so is his other wife, Suvenai.*

56. La femme non humaine d'Isacci
1995–1996
feutre noir et crayons de couleur sur papier
51.2 x 66.0
CD-032-5045-bd-95/96

*Isacci vit avec sa femme qui n'est pas humaine.
Isacci est un être humain. Sa femme non humaine
montre qu'elle se transforme, et elle peut prendre
l'apparence exacte d'un être humain. Isacci vit
avec elle et leurs enfants parce qu'il est amoureux
d'elle. Elle disparaît quand il y a des gens. Elle
montre ses pouvoirs à Isacci. Ils ont même eu des
enfants non humains. Isacci est véritablement
humain, comme son autre épouse, Suvenai.*

57. Cutting the Wind 1997/98
black felt-tip pen on paper
51.0 x 66.0
CD-032-5229-d-97/98

This is Itilluivinialuk, who was a shaman.
He is tugging at the wind. He is holding onto and
cutting the wind. Everything shattered and the
earth cracked and the valley moved.

57. Fendre le vent 1997–1998
feutre noir sur papier
51.0 x 66.0
CD-032-5229-d-97/98

Voici Itilluivinialuk, qui était shaman.
Il tire sur le vent. Il s'y accroche et le coupe.
Tout a tremblé, la terre s'est ouverte et
la vallée a bougé.

58. Alariaq's Wolf Spirit
1997/98
black felt-tip pen on paper
50.8 x 66.0
CD-032-5149-d-97/98

This is Alariaq, a very strong man, calling for a shaman spirit. He called for a spirit and got a wolf spirit. He did not use his power to harm humans. His power was only for good purposes.

58. L'esprit de loup d'Alariaq
1997–1998
feutre noir sur papier
50.8 x 66.0
CD-032-5149-d-97/98

Alariaq, un homme très fort, appelle un esprit shamanique. Il a appelé un esprit et a reçu l'esprit d'un loup. Il n'utilisait pas son pouvoir pour faire du mal aux humains. Son pouvoir ne servait que le bien.

59. Alariaq Being Devoured 1996/97
black felt-tip pen; coloured pencil on paper
32.5 x 66.4
CD-032-5108-abd-96/97

LEFT SIDE: *Alariaq will be completely devoured by a wolf as usual. Alariaq and his wife chant away, trying to outdo each other.*
RIGHT SIDE: *Aliguq chanting as usual, showing off to her husband Alariaq.*

59. Alariaq dévoré 1996–1997
feutre noir et crayons de couleur sur papier
32.5 x 66.4
CD-032-5108-abd-96/97

À GAUCHE : *Alariaq, comme à l'habitude, sera complètement dévoré par un loup. Alariaq et sa femme essaient de se surpasser l'un l'autre par des incantations.*
À DROITE : *Aliguq chante comme d'habitude, pour se montrer à son mari Alariaq.*

60. Powerful Alariaq 1996/97
black felt-tip pen; coloured pencil on paper
55.8 x 50.8
CD-032-5117-abd-96/97

Alariaq, the husband of Aliguq, was the most
powerful shaman down the coast. He used to be
completely eaten up by his shaman spirits. When
he started coming back, he would smell blood,
which he dreaded. He could have wiped out the
entire race of Inuit but he did not use his power to
harm Inuit. He could have wiped them out.
Alariaq was the most powerful shaman.

60. Alariaq puissant 1996–1997
feutre noir et crayons de couleur sur papier
55.8 x 50.8
CD-032-5117-abd-96/97

Alariaq, le mari d'Aliguq, était le shaman le plus
puissant de la côte. Il était complètement dévoré
par ses esprits shamaniques. Lorsqu'il commençait
à revenir à lui, il sentait le goût du sang qu'il
détestait. Il aurait pu éliminer la race entière des
Inuits, mais il n'utilisait pas ses pouvoirs pour
faire du mal aux Inuits. Il aurait pu les éliminer.
Alariaq était le plus puissant des shamans.

61. Aliguq's Seaweed Spirits
1996/97
black felt-tip pen; coloured pencil on paper
66.1 x 50.8
CD-032-5116-abd-96/97

Aliguq was very powerful, as she had shaman spirits. She always had seaweed with her, as it gave her power.

61. Les esprits des algues d'Aliguq
1996–1997
feutre noir et crayons de couleur sur papier
66.1 x 50.8
CD-032-5116-abd-96/97

Aliguq était très puissante parce qu'elle avait des pouvoirs de shaman. Elle avait toujours des algues sur elle parce qu'elle en tirait son pouvoir.

62. Aliguq's Flame 1996/97
black felt-tip pen; coloured pencil on paper
50.8 x 66.0
CD-032-5115-abd-96/97

Aliguq in a crack in the ice, chanting. The ice doesn't fall on her, as she is a shaman and her spirit guide is the seaweed. She always held onto a flame and never burnt herself. Aliguq had so many powers.

62. La flamme d'Aliguq 1996–1997
feutre noir et crayons de couleur sur papier
50.8 x 66.0
CD-032-5115-abd-96/97

Aliguq, dans une crevasse dans la glace, chante. La glace ne s'effondre pas sur elle parce qu'elle est un shaman et que l'esprit qui la guide est l'algue. Elle s'accrochait toujours à une flamme mais ne se brûlait jamais. Les pouvoirs d'Aliguq étaient si nombreux.

63. Aliguq under the Ice 1996/97

black felt-tip pen; coloured pencil on paper
50.9 x 66.0
CD-032-5114-abd-96/97

*This is Aliguq, who used to spend time under the
ice when she called for her shaman spirit. She
would never get wet nor get lost under the ice.
There would be fire coming out of her mouth and
her shaman spirit was the seaweed. She had a
beautiful voice that was more than a voice when
she called for her shaman spirit.*

63. Aliguq sous la glace 1996–1997

feutre noir et crayons de couleur sur papier
50.9 x 66.0
CD-032-5114-abd-96/97

*Aliguq avait l'habitude de passer du temps sous la
glace lorsqu'elle appelait ses esprits de shaman.
Elle n'était jamais mouillée et ne se perdait jamais
sous la glace. Du feu sortait de sa bouche et son
esprit de shaman était l'algue. Elle avait une voix
magnifique, qui était plus qu'une voix lorsqu'elle
appelait son esprit de shaman.*

64. Aliguq's Voice 1998/99
black felt-tip pen; coloured pencil on paper
66.4 x 50.8
CD-032-5238-abd-98/99

*Aliguq near an iceberg in the sea. She is
chanting using her spirit guide and also the
spirit seaweed, as they make a beautiful sound.
The seaweed around her are all upright, listening
to her chanting. She is also holding on to a flint
that isn't lit yet.*

64. La voix d'Aliguq 1998–1999
feutre noir et crayons de couleur sur papier
66.4 x 50.8
CD-032-5238-abd-98/99

*Aliguq, près d'un iceberg dans la mer.
Elle chante, en utilisant son guide spirituel et
aussi l'esprit de l'algue parce qu'ils font un son
merveilleux. Les algues autour d'elle se dressent
et l'écoutent chanter. Elle s'accroche à un silex
qui n'est pas encore allumé.*

118

65. Shaman Fanaticism 1995/96
black felt-tip pen; coloured pencil on paper
66.4 x 50.7
CD-032-5083-95/96

*Namonai was a shaman who chanted and
tortured his mother through his spirit. The
mother tried to get away. Her name was Iqaluk.
Then a sudden burst of wind shot up from the
ground, suspending a wounded walrus in the air.*

65. Fanatisme shamanique 1995–1996
feutre noir et crayons de couleur sur papier
66.4 x 50.7
CD-032-5083-95/96

*Namonai était un shaman qui chantait et
torturait sa mère par le biais de ses esprits. Sa
mère essaya de partir. Elle s'appelait Iqaluk.
Puis une soudaine rafale de vent s'éleva du sol,
suspendant un morse blessé dans les airs.*

66. Iqaluk's Hideout 1995/96
black felt-tip pen; coloured pencil on paper
66.0 x 51.4
CD-032-5090-95/96

*Iqaluk ran away from her son and hid. She
couldn't be found because there were massive
footprints all over the land and she was on an
island. She was brought food. It was down at
Pamialluk beyond Ikirasak. She dug into the
ground and closed the entrance with moss. She
had been tortured by her son Namonai.*

66. La fugue d'Iqaluk 1995–1996
feutre noir et crayons de couleur sur papier
66.0 x 51.4
CD-032-5090-95/96

*Iqaluk a fui loin de son fils et s'est cachée. Elle
était introuvable parce qu'il y avait d'énormes
empreintes de pas sur la terre et elle était sur une
île. On lui apporta de la nourriture. C'était à
Pamialluk, au-delà d'Ikirasak. Elle creusa un trou
dans le sol et en ferma l'entrée avec de la mousse.
Elle avait été torturée par son fils Namonai.*

67. Namonai's Catch 1995/96
black felt-tip pen; coloured pencil on paper
66.3 x 51.4
CD-032-5064-95/96

Namonai caught a bowhead whale by himself.
He is securing the whale's mouth to keep it closed
while dragging it, as it is impossible to drag when
its mouth is open. He was very mean, so he was
alone because people feared him. He had a broken
back but that didn't bother him. He kept away
from other people because he wanted to be feared.
That Namonai was no good before he repented.

67. La prise de Namonai 1995–1996
feutre noir et crayons de couleur sur papier
66.3 x 51.4
CD-032-5064-95/96

Namonai a attrapé une baleine boréale lui-
même. Il attache la gueule de la baleine pour la
maintenir fermée pendant qu'il la traîne, parce
qu'elle est impossible à tirer quand sa gueule est
ouverte. Il était très méchant, et il était seul parce
que les gens le craignaient. Son dos était cassé
mais cela ne le dérangeait pas. Il restait à l'écart
des autres parce qu'il voulait être craint. Ce
Namonai n'a pas été bon jusqu'à ce qu'il se repente.

68. Building an Inukshuk
1995/96
black felt-tip pen; coloured pencil on paper
66.0 x 50.2
CD-032-5082-95/96

*Namonai instructed three women to erect an
inukshuk on a hill. They built the inukshuk
under Namonai's orders, as he had a broken back.
That inukshuk is to stand until the end of the
world. It is not an ordinary inukshuk. It has a
mystical history and is superbly built. That is
Namonai's way.*

68. Construction d'un inukshuk
1995–1996
feutre noir et crayons de couleur sur papier
66.0 x 50.2
CD-032-5082-95/96

*Namonai apprit à trois femmes à construire un
inukshuk sur une colline. Elles construisirent
l'inukshuk sous les ordres de Namonai parce que
son dos était cassé. Cet inukshuk doit rester debout
jusqu'à la fin du monde. Ce n'est pas un inukshuk
ordinaire. Il a une histoire mystique et il est
superbement construit. C'est la manière de
Namonai.*

69. Namonai's Vision of the Future
1995/96
black felt-tip pen; coloured pencil on paper
66.0 x 50.2
CD-032-5089-95/96

*Namonai envisioned a scarlet red flag and
many houses leashed to one another by ropes.
[These were probably hydro wires.] He was sitting
near a flag and it had no title, the only title was
the flag. Also there were many ropes suspended
in the air.*

69. La vision du futur de Namonai
1995–1996
feutre noir et crayons de couleur sur papier
66.0 x 50.2
CD-032-5089-95/96

*Namonai a eu la vision d'un drapeau rouge
écarlate et de nombreuses maisons reliées les
unes aux autres par des cordes. [C'étaient
probablement des câbles hydroélectriques.] Il était
assis près d'un drapeau qui n'avait pas de titre,
le seul titre était le drapeau. Il y avait aussi de
nombreuses cordes suspendues dans les airs.*

BIBLIOGRAPHY / BIBLIOGRAPHIE

Berlo, Janet Catherine. "Drawings of Napachie Pootoogook." *Inuit Art Quarterly*. 8, no. 4 (Winter 1993): 4–12.

Blodgett, Jean. *The Coming and Going of the Shaman: Eskimo Shamanism and Art*. Winnipeg: The Winnipeg Art Gallery, 1978.

Blodgett, Jean. *Three Women, Three Generations: Drawings by Pitseolak Ashoona, Napachie Pootoogook, and Shuvinai Ashoona*. Essays by Leslie Boyd, Marybelle Mitchell, and Pat Tobin. Kleinberg: McMichael Canadian Art Collection, 1999.

Eber, Dorothy, ed. *Pitseolak: Pictures Out of My Life*. Montreal & Toronto: Design Collaborative Books and Oxford University Press, 1971.

Leroux, Odette, Marion E. Jackson, and Minnie Aodla Freeman, eds. *Inuit Women Artists; Voices from Cape Dorset*. Vancouver/Toronto: Douglas & McIntyre; Hull: Canadian Museum of Civilization; Seattle: University of Washington Press, 1994. Interview with Odette Leroux, 1991, pps. 133–138.

Pitseolak, Peter, and Dorothy Eber. *People From Our Side: A Life Story with Photographs and Oral Biography*. New edition. Montreal & Kingston: McGill-Queen's University Press, 1993.

ACKNOWLEDGEMENTS / REMERCIEMENTS

We would like to thank Nina Manning-Toonoo for her work translating the Inuktitut text on the drawings and for interpreting during interviews with Napachie in Cape Dorset. Jimmy Manning was also of assistance in the research of this exhibition.

Appreciation is extended to the West Baffin Eskimo Co-operative for its loan of drawings for this exhibition.

Nous tenons à remercier Nina Manning-Toonoo pour son travail de traduction des textes en inuktitut figurant sur les dessins et pour ses interprétations pendant les entrevues avec Napachie à Cap Dorset. Les recherches de Jimmy Manning pour cette exposition nous ont aussi été d'une aide précieuse.

Nos remerciements s'étendent à la West Baffin Eskimo Co-operative qui nous a prêté les dessins pour cette exposition.

Leslie Boyd Ryan
Darlene Coward Wight

CREDITS / CRÉDITS

Curators/Conservatrices
Leslie Boyd Ryan
Darlene Coward Wight

Photography/Photographie
Artwork/Des œuvres d'art : Ernest Mayer
Artist/L'artiste : William Ritchie

Inuktitut Translation/Traduction en inuktitut
Nina Manning-Toonoo

French translation/Traduction française
Arexcel

English proof-reading/Correctrices des épreuves anglaises
Pat Sanders
Heather Mousseau

French proof-reading/Correctrice des épreuves françaises
Anonymous/Anonyme

Design/Conception
Frank Reimer

Pre-Press & Printing/Pré-presse et impression
Friesens Corporation

This exhibition is sponsored by the Department of Canadian Heritage, Museums Assistance Program.
Cette exposition est commanditée par le Programme d'aide aux musées du ministère du Patrimoine canadien.

The publication for this exhibition is generously supported by Friesens Corporation.
La publication pour cette exposition a reçu le soutien généreux de la Friesens Corporation.

Media sponsor/Commanditaire média : *Winnipeg Free Press*

Friesens

The Free Press
We're there for you

300 Memorial Blvd. Winnipeg, Manitoba R3C 1V1
Tel.: (204) 786-6641 Web: www.wag.mb.ca